故事里的中国历史

Gushi li de Zhongguo Lishi

路樊 编著

明

民主与建设出版社
·北京·

图书在版编目（CIP）数据

故事里的中国历史 . 9，明 / 路樊编著 . -- 北京：
民主与建设出版社，2022.12

ISBN 978-7-5139-4029-0

Ⅰ . ①故… Ⅱ . ①路… Ⅲ . ①中国历史—明代—青少
年读物 Ⅳ . ① K209

中国版本图书馆 CIP 数据核字（2022）第 212696 号

故事里的中国历史 · 明
GUSHI LI DE ZHONGGUO LISHI MING

编　　著	路　樊	
责任编辑	郝　平	
封面设计	书心瞬意	
出版发行	民主与建设出版社有限责任公司	
电　　话	（010）59417747　59419778	
社　　址	北京市海淀区西三环中路 10 号望海楼 E 座 7 层	
邮　　编	100142	
印　　刷	唐山楠萍印务有限公司	
版　　次	2022 年 12 月第 1 版	
印　　次	2023 年 2 月第 1 次印刷	
开　　本	880 毫米 × 1230 毫米　1/32	
印　　张	5	
字　　数	75 千字	
书　　号	ISBN 978-7-5139-4029-0	
定　　价	358.00 元（全 10 册）	

注：如有印、装质量问题，请与出版社联系。

目录
Contents

第1章 传奇皇帝朱元璋

第2章 强盛的永乐时代

第3章 仁宣二帝创大业

第4章　土木堡之变，大明变了天

第5章　任性皇帝明武宗

第 6 章　嘉靖朝的那些事

第7章 万历——休长假的皇帝

第8章 大明王朝的末路

明

公元 1368 年—公元 1644 年

明朝历程

明朝开国

1368 年朱元璋称帝，国号为大明，因皇室姓朱，又称朱明，定都于应天府。

靖难之役

公元 1399 年—公元 1402 年，燕王朱棣与建文帝朱允炆进行了争夺帝位的战争，史称"靖难之役"。

郑和下西洋

从公元 1405 年—公元 1433 年，三宝太监郑和率领船队，先后七次远航西太平洋和印度洋，拜访了 30 多个国家和地区。

土木堡之变

公元 1449 年，瓦剌大军入侵明朝边境，明英宗和王振亲率 20 万大军出征，结果明军战败，明英宗被俘。

北京保卫战

公元 1449 年，瓦剌首领也先攻打明朝都城北京。在兵部尚书于谦的领导下，粉碎了瓦剌军的进攻，明王朝转危为安。

戚继光抗倭

自公元 1561 年开始，倭寇不断袭击我国东南沿海一带，明将戚继光等率军不断取得灭倭的胜利，倭患最终被平定。

萨尔浒之战

公元 1619 年，在明朝与后金的战争中，努尔哈赤在萨尔浒附近地区大败明军，萨尔浒之战以后金全胜、明军大败而结束。

李自成攻取北京之战

公元 1644 年，大顺军的李自成率军北伐，攻取了明朝都城北京，崇祯皇帝在煤山自缢，明朝灭亡。

明朝历程

第 **1** 章

传奇皇帝朱元璋

有言在先

　　从在贫困线上挣扎的放牛娃，到四处流浪的乞丐和尚，从打败天下无敌手的沙场枭雄，到铁腕强权的大明天子，朱元璋"白手起家"，实现了从草根到皇帝的逆袭。对待百姓，他体恤疾苦，爱民如子，施以宽松仁政；对待贪官功臣，他铁血强硬，毫不手软。明太祖朱元璋，在中国历史上饱受争议，也是最具传奇色彩的皇帝。

放牛娃的苦涩春天

故事主角：朱元璋

故事配角：朱世珍、地主刘大秀、伙伴们、长老等

发生时间：公元 1328 年—公元 1344 年

故事起因：朱元璋出生于贫民家庭，从小给地主放牛，饱尝各种苦难

故事结局：为了活命，朱元璋出家做了和尚，并开始四处流浪

公元 1328 年，在安徽濠（háo）州（今安徽凤阳）贫民朱世珍家里，伴随哇哇的啼哭声，一个叫朱重（chóng）八的孩子降生了，这就是后来的朱元璋（zhāng）。

朱元璋的父亲朱世珍有四子二女，朱元璋是他最小的儿子。他们非常贫困，平时只靠租种别人的田地维持生计。在贫困与饥饿的挣扎中，朱元璋慢慢长大。

　　为了生计，稍微长大些的朱元璋，开始去地主刘大秀家放牛。在放牛时，朱元璋结识了很多伙伴，有穷人家的孩子，有富家子弟，也有官宦家的少爷，而他也成为伙伴们的"大王"。

一次，伙伴们玩战场拼杀的游戏后，大汗淋漓，饥肠辘（lù）辘，朱元璋便和大家把带来的食物分吃了。其中一个人说："人家占山为王，都是喝大酒、吃肥肉，咱们这也太寒酸了吧？"大家纷纷起哄，嚷嚷着要吃肉。

朱元璋一看众人兴致高涨，于是对大家说："说得好，今天我就请兄弟们吃肉。"说完，就带领大家把一头牛捆绑起来。最先提议的人阻止朱元璋说："我只是和你

开玩笑的，你真杀了牛，回去怎么交代？"

朱元璋拍着胸脯说："大丈夫说一不二，牛是我放的，你们尽管吃，我自有办法。"说着，几斧子就将牛宰杀了。

一顿操作后，大家把牛肉炖着吃了。填饱了肚子，大家又开始害怕了。朱元璋想到了一个办法，他指挥众人先掩埋了牛骨等物，然后将牛尾巴插进了石缝里。

回去后，朱元璋谎称牛钻进山洞，被夹在石头缝里出不来了。刘大秀根本不信，很快就发现了真相，将朱元璋毒打一顿，赶了出去。

公元 1344 年，朱元璋已经是个大小伙子了。这一年淮北地区发生了严重的旱灾、蝗灾和瘟疫（wēn yì；流行性烈性传染病），很多农民都被饥饿和瘟疫折磨致死。朱元璋的父母、兄长等人也相继离世，只剩下他和大嫂、侄子三人。大嫂带着侄子回娘家求助，而朱元璋只能靠自己了。他见皇觉寺的和尚们还有饭吃，就剃度为僧，进了皇觉寺。

饥荒之年，和尚们也是面露饥色，长老只好让徒弟们云游化缘。朱元璋就这样出了皇觉寺，开始了四处流浪的苦难生活。

从小和尚到大枭雄

故事主角：朱元璋

故事配角：汤和、郭子兴、孙德崖等

发生时间：公元 1348 年—公元 1363 年

故事起因：朱元璋智勇双全，很快在义军中崭露头角，得到重用

故事结局：朱元璋逐渐控制了皖南、浙东地区，实力渐渐壮大

公元 1348 年，流浪三年的朱元璋回到了皇觉寺，不过这时寺里的和尚已经跑光了。当和尚也是挨饿，不当和尚也是挨饿，朱元璋一时有些迷茫。

此时元末农民起义风起云涌。一天，朱元璋小时候的伙伴汤和来信，邀他去投军。朱元璋立马离开皇觉寺，投奔了郭子兴的红巾军。由于朱元璋智勇双全，又通文墨，他在军中很快就崭露头角。元帅郭子兴对这个毛头小子

很赏识，就把养女马氏嫁给他为妻。此后，朱元璋在军中的威望越来越高。

就在此时，义军内部却发生了一件大事。元帅郭子兴与副帅孙德崖斗了起来，孙德崖将郭子兴骗至家中，准备杀了郭子兴。正好朱元璋出征归来，将郭子兴解救出来。郭子兴对朱元璋很感激，此后对他更加器重。

这次事件之后，朱元璋认为濠州地区红巾军内部太乱，没有大前途。他决定自己招兵买马。

公元 1354 年，朱元璋离开了郭子兴，南下定远，开辟新天地。定远的驴牌寨盘踞着一支 3000 多人的地主武装，朱元璋人少，就决定智取。他发现山寨缺粮，就命手下兵士伪装成送粮的民夫，诈开了寨门，并迅速拿下寨主，占领了驴牌寨。

朱元璋首战告捷后，又乘胜夜袭地主武装缪（miào）大亨。缪大亨拥有一支两万多人的队伍，他没想到自己在睡梦中就做了俘虏，只好向朱元璋投降。两战之后，朱元璋的队伍迅速壮大到几万人。随着朱元璋的实力日益壮大，附近的不少地主武装纷纷前来归附。

郭子兴死后，朱元璋成为左副元帅。公元 1356 年，他率众占领建康，成为红巾军内部一支强大的武装力量。此后，朱元璋逐渐把郭子兴的旧部全部纳入旗下，并以建康为根基，逐渐控制了皖（wǎn：安徽省的简称）南、浙东地区，实力渐渐壮大，成为江南一带的大枭雄。

两个男人的生死战

故事主角： 朱元璋、陈友谅

故事配角： 刘基、康茂才、陈理等

发生时间： 公元 1360 年—公元 1387 年

故事起因： 为了扩展势力范围，朱元璋与陈友谅在鄱阳湖展开决战

故事结局： 决战以朱元璋的完全胜利而告终

在朱元璋的势力不断壮大之际，遇到了一个重量级的竞争对手，这个人就是陈友谅。陈友谅占据江西、湖南和湖北一带，自立为王，国号为汉。见朱元璋实力不俗，陈友谅感到极为不爽。1360 年，他率领强大的水军，进攻应天府，想置朱元璋于死地。

朱元璋赶忙召集部下商量对策。刘基说："敌人远道而来，您只需用一点伏兵，抓住汉军的弱点痛击，就可以打败陈友谅。"朱元璋听了，非常高兴。

朱元璋有个部将康茂才，跟陈友谅是老相识。朱元璋把康茂才找来，和他定下了引陈友谅上钩的计策。

康茂才写了封信，连夜叫老仆去采石求见陈友谅。陈友看了这封信，并不怀疑，问老仆说："康公现在在什么地方？"老仆回答说："现在他带了一支人马，在江东桥驻守，专等大王去。"陈友谅又问："江东桥是什么样子？"老仆说："是座木桥。"

陈友谅在老仆走后，立刻下令全体水军出发，直驶向江东桥。没想到到了约定地点，竟没见木桥——只有石桥。

忽然，战鼓齐鸣，朱元璋安排在岸上的伏兵一起杀出，水军也加入战斗。陈友谅遭到突然袭击，几万大军一下就溃败了，死伤不计其数。

1363年，朱元璋亲率水军20万，与陈友谅的军队战于鄱（pó）阳湖。陈友谅被困湖中一个月，军粮殆尽，将士饥疲，于是孤注一掷，冒死突围。很快，就遭到朱军的伏击，陈友谅中箭身死。不久，陈友谅的儿子陈理投降，朱元璋的势力扩大到了两湖。

1368年正月，朱元璋于应天南郊登基，建国号大明，改元洪武。经过16年的征战，朱元璋终于从一个放牛娃、小行僧，成为明朝的开国皇帝。

胡惟庸，不能留你了

故事主角：明太祖、胡惟庸

故事配角：刘基、车夫、占城国使节、汪广洋、徐杰等

发生时间：1378 年—1380 年

故事起因：胡惟庸当宰相后，自大妄为，引起明太祖不满

故事结局：明太祖以谋逆罪处死了胡惟庸和相关官员

胡惟庸是一个很有才干的人，在最初追随朱元璋时，他主动积极，谨慎细致，博得了朱元璋的欢心。朱元璋做了皇帝后，就提拔他为左宰相，可时间一长，胡惟庸就不安分了，开始自大妄为起来。甚至一些生杀罢免的大事，他不报告明太祖朱元璋，便自作主张，简直不把皇帝放在眼里。

胡惟庸还是一个心黑歹毒之人。刘基生病时，明太祖派他带医生探视，胡惟庸便趁机对刘基下毒。刘基死后，他更加无所顾忌。正在胡惟庸如日中天的时候，明太祖

一个巴掌拍下来，将他彻底镇压。

公元 1378 年的一天，胡惟庸的儿子骑马在大街上横冲直撞，结果不慎跌落马下，被一辆过路的马车给轧（yà）了。一听说儿子挂彩了，胡惟庸又急又恼，派人将车夫抓住，没有禀报明太祖，便私自将车夫杀了。明太祖听后，勃然大怒。为了赎罪，胡惟庸愿以金帛（bó）赠予马夫家，当作对其的补偿，但明太祖拒绝了，让他的儿子以命抵命。

这之后，另一件事件的发生，彻底激怒了明太祖。占城国派使节前来京城进贡，但胡惟庸却私扣使节，并且没有上报明太祖。明太祖知道后，直拍桌子，命令将左丞相胡惟庸和右丞相汪广洋抓起来。但是，两丞相不愿承担罪责，便推说接待贡使是礼部的职责。于是，明太祖又把礼部官员也关起来了。

一看两相入狱，御史们也是有仇的报仇，有冤的报冤，群起攻击胡惟庸专权结党。不久，大臣徐杰等人大肆揭发胡惟庸的种种违法作为，称其有谋反举动。

1380 年，明太祖以谋逆罪，处死了胡惟庸和有关的官员，同时宣布废除中书省，以后不再设丞相，胡惟庸也成为中国历史上最后一个宰相。

明太祖杀了胡惟庸后，胡案就成为他打击异己的武器，以致受牵连而被杀者达三万多人，大明王朝一时间腥风血雨。

蓝玉，你太嚣张了

故事主角：明太祖、蓝玉

故事配角：詹徽、朱标等

发生时间：1391 年—1393 年

故事起因：蓝玉经常口出狂言，暗中布置势力，明太祖起了杀心

故事结局：明太祖以欲图谋反罪将蓝玉杀死，很多人因蓝玉案被株连

　　蓝玉是明朝的开国将领，他有胆有谋，勇敢善战，在战场上立下了赫赫战功。因此，蓝玉深得明太祖的赏识，被拜为大将军、凉国公。但蓝玉也是一个容易高傲的人，自从有了功名后，他经常在重要场合口出狂言，还在朝廷扩张自己的势力。这让明太祖很是愤怒，于是对蓝玉起了杀心。

　　1391 年，四川建昌发生叛乱，明太祖命蓝玉讨伐。临行前，明太祖找他谈重要的事情，命令蓝玉手下将领

退下，明太祖连说三次，竟无一人动身。然而蓝玉一挥手，他们就立刻退了下去。这一事件，深深地刺激了明太祖，他更下决心要除掉蓝玉。

1393 年的一天，早朝快结束时，锦衣卫指挥使参奏蓝玉谋反，明太祖随即令人将其拿下，并由吏部审讯。当吏部尚书詹徽（zhān huī）让蓝玉招出同党时，蓝玉大呼："詹徽就是我的同党！"话音未落，武士们便把詹徽拿下，审判官们目瞪口呆，不敢再审了。

三天后，明太祖将蓝玉杀死，而后，就是大规模的清洗和株连，很多无辜的人成了冤魂。

对于明太祖的做法，太子朱标深表反对，曾进谏说："父皇杀人太多，恐怕伤了和气。"当时明太祖没有说话。第二天，他故意把长满刺的荆棘（jīng jí；泛指丛生于山野间的带棘小灌木）放在地上，命太子捡起。太子怕刺手，没有立刻去捡，于是明太祖说："你怕刺不敢捡，我把这些刺去掉，再交给你，难道不好吗？现在我杀的都是危险的人，除去他们，你才能坐稳江山。"然而太子却说："有什么样的皇帝，就会有什么样的臣民。"明太祖大怒，拿起椅子就扔向太子，太子赶紧逃走。

随着明太祖朱元璋的进一步杀戮（lù），开国功臣们所剩无几。

醒木一响，评书开场！
品茶听书，为你讲述有滋有味的大明传奇；
真真假假，权且当茶余饭后的谈资……
今天，我要给大家讲的是——朱元璋假斩徐达！

朱元璋假斩徐达

朱元璋率领红巾军攻下集庆后，准备攻打镇江。这时，有几个士兵在街上买东西不付钱，甚至还有将领调戏民女。朱元璋听后恼怒万分，本想以军法处置这些人，但此时正是用人之际，不能因为这件事情影响了军心。于是他和大将军徐达商量，演了一场"假斩（zhǎn）"的好戏。

军中一片骚（sāo）动，原来徐达要被问斩了。众将士吃惊不小，都赶过来看个究竟。执法官用洪亮的声音宣布："徐达身为统兵大将军，不知管束部下将士，军中屡次发生欺压百姓的事情，坏我红巾军的名声。为严明军纪，将徐达斩首示众！"

朱元璋对众将士说道："我们起兵反元，就是因为元朝官府欺压百姓。如果我们推翻了元朝，反过来又欺压百姓。那么我们不就和元朝官兵一样了吗？"众将士见朱元璋要动真格的，纷纷跪下替徐达求情。朱元璋沉默了半晌（shǎng），才指着徐达大喝道："这次就饶了你，以后军中再发生欺压百姓的事，定斩不饶！"说罢，拂袖而去。

松绑后的徐达，恢复了大将军的威风，他当场宣布："打下镇江后，一不许烧房，二不许强抢，三不许欺凌百姓，四不许调戏妇女。违者砍头示众！"于是，徐达率领这支纪律严明的大军很快攻下了镇江。

知识补给站

历史上的朱元璋真的很丑吗?

民间传说朱元璋很丑——一副麻脸,下巴很长,额骨稍凸,朱元璋还因为宫廷画师把自己画得太真实,把画师推出去斩了。而《明史》里描述他的长相时说:"姿貌雄杰,奇骨贯顶。志意廓然,人莫能测。"历史上,对朱元璋的相貌也是众说纷纭,莫衷一是。

明朝的锦衣卫是怎么回事?

锦衣卫是朱元璋建立明朝后成立的情报机构。原为护卫皇宫的亲军,掌管皇帝出入仪仗。后来,朱元璋为了加强专制统治,令锦衣卫兼管刑狱,赋予其巡察缉捕的权力。锦衣卫所属的镇抚司分南北两部,北镇抚司专理诏狱,直接取旨行事,用刑极其残酷。

第**2**章

强盛的永乐时代

有言在先

明太祖在世时，做了一件令儿子们上火的事，那就是将太子之位传给了孙子朱允炆（wén）。儿子们出生入死打天下，到头来竹篮打水一场空，自然忿忿不平。明太祖一死，燕王朱棣（dì）率先反叛，与侄子朱允炆展开了拉锯战。结果，皇叔反叛成功，侄子生死不明。从此，朱棣成了大明王朝的皇帝。他在位期间，励精图治，发展经济，迁都北京，平定边疆，开启了历史上的"永乐盛世"。

装疯卖傻的燕王

故事主角：燕王朱棣

故事配角：建文帝朱允炆、黄子澄、齐泰、张昺、谢贵、葛诚、张信、姚广孝等

发生时间：1398 年—1399 年

故事起因：为削弱藩王势力，建文帝朱允炆向众藩王下手

故事结局：燕王朱棣表面装疯卖傻，暗中却准备造反

　　1398 年，明太祖死了，皇太孙朱允炆继承皇位，这就是历史上的建文帝。各地的藩（fān）王大都是朱允炆的叔父，一看皇位落到小毛孩的手里，心里很不服。战功赫赫的燕王朱棣，对侄子朱允炆更是瞧不起。

　　当时京城里就听到谣传，说几位藩王互相串通，正准备谋反。建文帝听了这个消息，赶忙让心腹官员黄子澄（chéng）想办法。

黄子澄找到大臣齐泰一起商量。齐泰认为诸王之中，燕王兵力最强，野心最大，应该首先削掉燕王的权力。于是，两人商量先向燕王周围的藩王下手。建文帝便依计而行。

燕王早有谋反之心，为了麻痹建文帝，他假装得了精神疾病。最开始，燕王在大街上大呼小叫，专找人多的地方闹。而后，燕王变本加厉，到了饭点就直接闯进

这样还骗不过你们？

人家家里，抓起桌上的饭菜就吃。被闯人家也无可奈何，人家毕竟是王爷——虽然这个王爷不太正常。

吃饱喝足后，他还走到集市上，随便找个地方一窝，一睡就是一整天。人们看见这样的行为，知道的，是说王爷疯了，不知道的，还以为这是哪来的乞丐。有些人看到燕王这个样子，只能背地里叹息，你看看，生在皇室又怎么样，说疯就疯了。

被建文帝派去监视燕王的张昺（bǐng）和谢贵，在得知他疯了的消息，两个人开始还不信，为了一探虚实，他们决定亲自登门探病。

大夏天的烤火炉，是真疯了。

他俩一进门，就被眼前的一幕惊呆了。那时正值盛夏时节，待着不动都出汗，可燕王居然裹着棉被在火炉前烤火！他俩还没缓过神儿来，燕王哆哆嗦嗦地说了一句："太冷了！"张昺和谢贵当时就断定，这个皇叔确实不正常了。

张昺和谢贵回去后，立刻上书朝廷，说燕王确实疯了。建文帝看了，觉得这个叔叔的心理素质也不怎么样。

老谋深算的葛诚却看出了问题，对建文帝说："燕王根本就没疯，可千万不能掉以轻心啊！"

听说燕王装疯，除藩"总指挥"齐泰立刻作出反应。他一面派人到北平去抓燕王的家属，一面又秘密命令北平都指挥使张信去抓燕王。谁料张信是站在燕王一边的，反而向燕王告了密。

当燕王听了张信的话，猛地从床上起身，瞬间恢复了正常。然后，燕王叫来姚广孝，一同商量造反的事情。"疯疯癫癫"的燕王，再一次生龙活虎起来。

叔侄死战，姜还是老的辣

故事主角：燕王朱棣、建文帝朱允炆
故事配角：齐泰、黄子澄、耿炳文、李景隆、方孝孺等
发生时间：1399年—1402年
故事起因：燕王朱棣起兵反叛，打败了建文帝的军队
故事结局：燕王朱棣登上皇位，开始大肆屠杀反对自己的人

建文帝朱允炆登基后，连续削了几个藩王。这让燕王朱棣感到如芒在背，对这个侄子越发痛恨，决定先下手为强，来个起兵反叛。

1399年，燕王朱棣以帮助建文帝除掉奸臣黄子澄、齐泰为借口，起兵反叛，一路挥师南下，史称"靖（jìng）难之役"。

面对野心勃勃的叔叔，建文帝起用老将耿炳（gěng bǐng）文统兵北伐，后又派李景隆继续讨伐。建文帝因为缺乏大谋略，又因为用人不淑，致使主力不断被歼，燕王朱棣逐渐占了上风。

1402 年，燕军在淮北遇到建文帝的军队的抵抗，战斗打得十分激烈。有些燕军将领主张暂时撤兵，燕王却坚持死磕到底。不久，燕军截断建文帝的军队的运粮通道，发起突然袭击，建文帝的军队一下子垮了。燕军势如破竹，进兵到应天城下。

守卫京城的大将李景隆见大事不妙，就打开城门选
择了投降。燕军进城，只见皇宫火光冲天。燕王派兵把

大火扑灭时，已经烧死了不少人。在皇宫的灰烬（jìn；物体燃烧后的灰和烧剩下的东西）里，没有建文帝朱允炆；在被抓捕的人中，也没有建文帝朱允炆；在为保卫皇宫而战死的人中，也没有建文帝朱允炆的尸首。活不见人，死不见尸，这让燕王朱棣心里像悬了一块大石头。

侄子被赶下台，燕王朱棣登上了梦寐以求的皇位，这就是明成祖。尽管燕王朱棣打赢了，但很多老臣仍然骂他是乱臣贼子。为了证明自己不是乱臣贼子，燕王朱棣大开杀戒。

建文帝的军队北伐时，方孝孺（rú）写了一篇精彩的讨贼檄（xí）文。燕王朱棣看了那篇檄文后，差点气得喷血。有人告诉他："方孝孺是个人才，如果攻陷京城，一定要招降方孝孺。"

为了招降方孝孺，燕王朱棣做了很大让步，但方孝孺软硬不吃。燕王朱棣请方孝孺写一篇诏书，方孝孺一口拒绝。在燕王朱棣的强迫下，方孝孺拿起笔，却写了"燕贼篡位"四个大字。燕王朱棣忍无可忍，大声说："岂有此理，信不信我灭你九族？"方孝孺大义凛然地说："即使灭十族，我也不怕。"燕王一来气，真的灭了方孝孺十族。

七下西洋的壮举

故事主角：郑和

故事配角：明成祖、西洋各国国王、西洋各国的使者等

发生时间：1405 年—1424 年

故事起因：为秘访建文帝的下落和加强与西洋各国联系，明成祖派郑和率船队多次出使西洋

故事结局：促进了中国与西洋各国的经济交流，传播了中华文明

明成祖当了皇帝后，有一件事总使他坐卧不安，那就是侄子建文帝去哪儿了？活不见人，死不见尸，留下了一个挥之不去的大问号。为了查找侄子的下落，明成祖派心腹大臣去各地秘访，结果都是白费功夫。

后来，明成祖脑洞大开，他想侄子会不会跑到海外去呢？琢磨来，琢磨去，明成祖决定派一支队伍出使国外，跟随他多年的宦官郑和，就成了最合适的人选。

郑和，本姓马，小字三保。马三保年仅 10 岁时，就

成了明军的俘虏，还成了太监，使其童年饱受摧残。这还不算完，马三保很快被编入军队，当别的孩子还在拿着玩具嬉戏时，马三保已经手握军刀，开始与死神共舞。几年后，他被安排进了燕王府，成了朱棣身边的侍从。后因立了战功，朱棣赐其郑姓，他也成了朱棣身边的大红人。

公元 1405 年六月，明成祖正式派郑和为使者，带一支船队出使西洋。郑和带的船队，一共有 2.78 万人，除了兵士和水手外，还有技术人员、翻译、医生等。他们驾驶 62 艘大船，从福建出海，浩浩

荡荡，一路扬帆南下。

郑和第一次出海，每到一个国家，先把明成祖的信递交给国王，然后把带去的礼物送给他们。许多国家见郑和带了那么大的船队，而且态度友好，都热情地接待他，也都派使者带着礼物跟着他一起回访。明成祖见郑和把任务完成得很出色，非常高兴。

从1407年到1424年的十多年里，郑和又陆续进行了六次出海航行，先后到达了占城、爪哇（zhǎo wā）、真腊、旧港、暹（xiān）罗、古里、满剌加、苏门答腊等30多个国家和地区，最南到达爪哇，西北到波斯湾和红海，最西到达非洲东海岸，开创了历史上空前的航海壮举。

郑和带领船队给所经国家带去了瓷器、铜器、丝绸和茶叶等，同时带回了亚洲各国的特产，如胡椒、象牙、宝石、药材、香料和珍禽异兽等，大大促进了中国与亚洲各国的经济交流，传播了中华文明，影响十分深远。

朱棣：我要横扫瓦剌

故事主角：明成祖朱棣

故事配角：马哈木、朱瞻基、蒙古王子等

发生时间：1413 年—1414 年

故事起因：瓦剌首领马哈木企图进犯大明，明成祖决定亲征瓦剌

故事结局：在明军神机营枪炮的支援下，瓦剌军队大败

1413 年 11 月，**瓦剌**（wǎ là；明代对西部蒙古各族的总称）首领马哈木带兵逼近黄河，企图进犯大明。明成祖得知消息，顿时火爆脾气上来了，决定给这个不安分的北方邻居一点颜色看看。

1414 年 3 月，明成祖带着长孙朱瞻基，率领 50 万大军亲征瓦剌。进入蒙古境内，明军开始只遇上了几波小规模的抵抗。甚至快接近瓦剌的营地时，明军遇到的抵抗仍然很小，这让明成祖有些搞不懂了。

　　为了弄清情况，明军不得不抓几个俘虏审问。瓦剌俘虏很听话，问什么答什么，一点都不含糊。

　　听说马哈木就在百里之外的忽兰忽失温（今蒙古乌兰山口），将领们和兵士都有些急不可耐。明成祖头脑比较冷静，觉得其中必然有猫腻，让大军不可轻举妄动。

　　大军原地驻扎了好几天，整天吹风沙，士气越来越低沉。撤军，心有不甘，还在长孙面前丢了面子；不撤军，却见不到敌人的影子。为了给长孙朱瞻基做好榜样，明成祖命令军队快速进击，想杀瓦剌一个措手不及。

明军很快进入了瓦剌的伏击圈。为了对付明军，马哈木召集了全瓦剌的军队，光是精锐骑兵就有三万多人。看见明军一步步进入伏击圈，马哈木非常兴奋。

　　突然，有人指着明军的一支队伍，问马哈木那是什

么军种。顺着那人指的方向，只见一支既不是骑兵，也不是步兵的特殊部队，正向前行进。马哈木告诉那人，说那不是一支军队，而是一队死尸。说完后，马哈木笑了，其他瓦剌军也跟着笑了。

明军全部进入伏击圈后，马哈木立刻发出进攻号令，隐藏的瓦剌骑兵纷纷向明军扑去，气势如**猛虎扑食**（比喻动作猛烈而迅速）。刹那间，整个山冈都被震动了。

面对黑压压的敌军，明成祖不慌不忙，轻轻挥动军旗，指挥前军向左右两翼分开，那支特殊军队神机营露出了"獠（liáo）牙"，显出令人闻风丧胆的火炮和**火铳**（chòng；一种用火药引燃发射铁弹丸的管型火器）。站在山冈上的马哈木看到后，倒吸一口冷气，大喊撤退，可是为时已晚。

明成祖一声令下，神机营千炮齐发，万枪齐放，无数炮弹和子弹，纷纷射向瓦剌骑兵。炮弹和子弹所到之处，瓦剌军马无不应声倒下。

一阵火炮过后，明军铁骑全面出击，大破敌军，斩杀蒙古王子十余人，瓦剌军伤亡惨重，马哈木等人溃败而逃。

北京城的来历

燕王朱棣做了皇帝后，决定把都城迁到北京。他下令让最得力的两位军师负责设计北京城，并以七天为限，让他们二人先分别画出一个图样来。

大军师、二军师回去以后，食不甘味、睡不安眠，整天想的都是图样。可是什么才是最好的图样，两个人都没想出个大概来。

第三天夜里，大军师在梦里听见一个声音在喊："照着我画，照着我画！"但醒来一看，什么都没有。

到了两人约定好画图的日子。见面后，二军师将三天前夜里自己听到一个声音的怪梦向大军师说了。

大军师心想："这不是和我梦到的一样吗？"但他没有说出来。大军师和二军师走到约好的地方，拿出纸笔，背对背开始画起来。

忽然，两人眼前同时出现了一个孩子的模样：头上梳着两个小抓髻（jì），脚踏风火轮，身穿荷花袄，肩膀

两边还镶（xiāng）着绸子边。风一吹，好似举起了八条臂膀。两人顿时豁然开朗，照着八臂哪吒的样子，画起了图样。忽然，刮起一阵风，把哪吒的衣襟吹起了一截，二军师正好看到，便也照着样子画了下来。

画完后，两位军师把图交换过来一看，

一人负责西城，
一人负责东城。

都忍不住笑了。原来两张图差不多一模一样，只是二军师的图在西北角的地方斜了一截。

两个人都觉得自己画的好，便去找皇上评判。皇上一看，夸赞他们说："真不愧是朕的好军师，这个设计，深合朕意，大军师画的图方正规整，当为第一；二军师的斜了一点，当为第二。"

大军师又问道："皇上，那以哪张为标准修城呢？"

皇上说："这样吧，东城按照你的图纸修，西城按照二军师的图纸修。"

北京城就这样修建起来了。北京城中间的正阳门，是哪吒的头；瓮（wèng）城的东西二门，是哪吒的耳朵；正阳门里的两眼井，是哪吒的双眼；正阳门东边的崇文门、东便门、朝阳门、东直门，是哪吒东半边的四条手臂；正阳门西边的宣武门、西便门、阜（fù）成门、西直门，是哪吒西半边的四条手臂。北面的安定门和德胜门，就是哪吒的两只脚。

而二军师画斜了的那一块，正好是德胜门向西，到西直门这一带往里斜的那一块还缺了一个角呢！

知识补给站

"永乐盛世" 是怎么回事?

明成祖雄才大略,即位后励精图治,发展经济,提倡文教,采取了许多措施大力发展经济,使得天下大治,国家富强,疆域辽阔。明成祖年号为"永乐",后世的史学家称这一时期为"永乐盛世"。

你听说过《永乐大典》吗?

《永乐大典》是明朝永乐年间由明成祖朱棣命解缙(xiè jìn)、姚广孝等主持编纂的一部大型类书。全书22877卷,11095册,约3.7亿字,内容包括经、史、子、集,涉及天文地理、阴阳医术、占卜、释藏道经、戏剧、工艺、农艺等,涵盖了中华民族数千年来的知识财富。

第 **3** 章
仁宣二帝创大业

有言在先

　　当大明政权的接力棒传到明仁宗、明宣宗父子手里时，两位皇帝全面发挥治国安邦的才能，全力开展"反腐倡廉运动"，对百姓实行休养生息的政策，对外采取由攻转守的罢兵策略，在明仁宗、明宣宗二帝的接力治理下，明朝再度出现了盛世的局面，这一时期被后人称为"仁宣之治"。因为真作为、敢作为，仁宣二帝也成为历史上的贤明君主。

听真话的好皇帝

故事主角：明仁宗朱高炽

故事配角：弋谦、吕震、吴中、杨士奇等

发生时间：1424 年—1425 年

故事起因：大理寺官员弋谦批评了时政，明仁宗很不高兴

故事结局：在大臣杨士奇的劝谏下，明仁宗改正了错误，
并成为喜欢听真话的好皇帝

1424 年，明成祖朱棣在北征回师的路上病亡。最不被父亲看好的 47 岁太子朱高炽（chì），如愿登上了皇帝宝座，是为明仁宗。这个皇帝和爷爷、父亲不同，他没有勇武的英气，也没有非凡的铁腕手段，有的是一颗无比仁慈率直的心。

明仁宗当皇帝后，对群臣们**信誓旦旦**（誓言说得极为诚恳）表示，自己要做一个知人善用、广纳真言的皇帝。大家刚开始都觉得，这是新帝登基三把火，还有待观察。

47

有一个大理寺官员弋（yì）谦，性格耿直。一次，弋谦在明仁宗面前，毫不客气地批评了时政，明仁宗表面上点头称是，内心却很不高兴。弋谦看明仁宗点头，一股脑儿又讲了几件事情，而且还越发激动，这使得气氛有些尴尬。明仁宗感觉自己有点下不来台，但还是忍

住了怒气。

　　尚书吕震、吴中等大臣看不下去了，就站出来指责弋谦对皇帝不敬，要求惩罚弋谦。

　　此时，杨士奇站出来说道："弋谦不识大体，确实有些不妥，但他敢于直言，也是觉得圣上是个明君，希

皇上，弋谦大不敬，理应问斩。

弋谦敢于直言，是因为圣上是明君。

望圣上原谅他。"

明仁宗听了杨士奇的话，赦免了弋谦。但是这件事在明仁宗心里结下了疙瘩，明仁宗每次上朝看见弋谦，都觉得内心不是滋味，脸色自然也不好看。

杨士奇发现后，提醒明仁宗："圣上曾下诏求直言，弋谦这样做了，却又遭排斥，百官会怎么想，恐怕不好吧？"明仁宗听了这话，说道："这是朕的错，要改，要改。"

过了一阵，明仁宗发现敢提意见和直言的人越来越少，他有些坐不住了，就对杨士奇说："朕在弋谦这件事上已经改错了，为什么朝臣们也不怎么提意见？"

杨士奇回答说："要想让朝臣们提意见不难，圣上需亲自下一道诏书，来表明自己接纳直言的心意。"

很快，明仁宗就下了一道旨在忏悔、誓做仁君的检讨诏书，大臣们也纷纷转变了态度，开始积极进谏。明仁宗自此成为敢于听真话的好皇帝。

但好景不常，1425 年 5 月，仅仅当了九个月皇帝的明仁宗因病去世了，朝臣们痛哭流涕，悲伤不已。

死在铜缸里的皇叔

故事主角：朱瞻基、朱高煦

故事配角：侯泰、叛军等

发生时间：1425 年—1426 年

故事起因：太子朱瞻基（明宣宗）登基做了皇帝，朱高煦决定造反

故事结局：朱高煦最终投降而被囚禁，后死在铜缸里

1425 年 6 月 27 日，太子朱瞻基（明宣宗）登基做了皇帝。得知侄子继位，朱高煦（xù）才知道哥哥明仁宗朱高炽死了。两次错失皇位，朱高煦差点儿没气死，他决定复制父亲朱棣的方法——起兵反侄子。

尽管朱高煦预谋造反，明宣宗还是想给他机会，派使者侯泰来到朱高煦府上。

侯泰到来后，朱高煦带侯泰观赏了军事演习，明目张胆地说："凭这些部队，我就可以纵横天下。"

　　明宣宗听了侯泰的汇报，勃然大怒，觉得这个皇叔要反天，当即决定发兵讨伐。

　　1426 年 8 月，明宣宗亲征朱高煦，很快就到达朱高煦所在的乐安城。此时的朱高煦很害怕，连发布命令的声音都是颤抖的。

　　为镇住叛军，明宣宗的军队出动火铳队和弓箭队，一排排的子弹和飞箭纷纷射向守城军士。守城军士吓得纷纷逃离，甚至想造朱高煦的反。

　　眼见军队要叛变，朱高煦派人告诉明宣宗，他愿意投降，条件是给他一晚上的时间和妻儿告别。

　　第二天，朱高煦突然豪气大作，表示宁可战死，绝不投降。召集起叛军，朱高煦往高处一站，发表了一通惊天地、泣鬼神的豪言壮语。军士们听了演说后，也激

情澎湃，很受鼓舞。

两军就要开打了，朱高煦却不见了，叛军很是惊慌。整个乐安城都翻遍了，也没见到朱高煦。叛军万万没想到的是，朱高煦早已溜出城投降去了。

对于这个惹是生非的皇叔，明宣宗没采纳大臣们的诛杀建议。明宣宗觉得，只要朱高煦不再犯事，过去的一切就算了。

一天，明宣宗去看望朱高煦。两人见面后，不知道朱高煦抽什么风，猛然一个勾脚，把明宣宗重重地摔了一下。皇帝被暗算，这还了得？为了惩罚朱高煦，明宣宗命人找来一口三百多斤的大铜缸，将朱高煦罩住。

朱高煦被大铜缸盖住后，竟然使出全身力气，将缸给撑了起来。撑着铜缸的朱高煦，东撞撞，西撞撞，最后竟玩起了转圈圈。

看着朱高煦滑稽的样子，明宣宗有点想笑。等到朱高煦越转越起劲，越转越精神，朱瞻基再也忍不住了。他命人抱来干柴，外加一大堆煤炭压在铜缸顶上。一个小小的火星落下，朱高煦的一生就此结束。

宣宗：杀贪官绝不手软

故事主角： 明宣宗

故事配角： 杨士奇、杨荣、刘观、顾佐、刘辐等

发生时间： 公元1428年—公元1429年

故事起因： 针对日益严重的贪污腐败，明宣宗决定出重拳治理

故事结局： 贪污犯刘观父子得到了严惩，朝廷澄清了吏治，改善了风气

　　明宣宗当皇帝后，朝廷内外贪污、腐败问题日趋严重，为彻底清除害国之蛀虫，明宣宗采取零容忍的态度，决定向贪官们砸下一记重锤。

　　1428年6月，明宣宗召见了大学士杨士奇、杨荣等大臣，对他们说："祖宗在位时，朝中大臣都严格要求自己，没有贪污的现象。可是近年来贪污成风，这是为什么呢？"

听完明宣宗的问话，杨士奇答道："在永乐末年，朝中大臣已有了贪污的风气，只不过那时候刚刚露头，不像现在这样严重。"

杨荣补充说："永乐末年，最大的贪污犯是方宾，没有谁能够超过他。"

明宣宗听了，立即追问道："今日朝中谁是最贪婪的？"

杨荣回答说："现在朝中贪污最严重的是刘观。"

杨士奇又说道："刘观不仅大肆贪污，他的部下也都纷纷效仿，这种恶劣的风气也影响到了地方官员。"

明宣宗又问："谁可以代替刘观的职务？"杨士奇、杨荣推荐了通政使顾佐。明宣宗很快颁布了旨令：革除刘观左都御史的职务，令他出京巡阅河道，任用顾佐为右都御史。

刘观贪污案被揭发后，大臣们纷纷上书，揭露刘观和其儿子刘辐（fú）更多贪赃枉法的事情。

明宣宗看了奏疏，很是愤怒，立即下令将刘观父子逮捕，押上大堂。刘观表示不服，还为自己的罪行辩解。明宣宗见他死不认账，更加气愤，就拿出大臣们上的密奏，其中有刘观枉法获得千两黄金的铁证。刘观只好低头认罪，被关进了锦衣卫的监狱。

1429年，刘观被判了死刑，杨士奇、杨荣请求免去刘观的死罪。刘观被免去死刑，他和儿子刘辐被发配到辽东戍守边疆，最终刘观因犯风寒病而死。

明宣宗罢刘观，起到了杀鸡儆（jǐng）猴（杀鸡给猴子看。比喻用惩罚一个人的办法来警告别的人）的作用，很多官员都不敢贪污受贿了，这大大改善了社会风气。

醒木一响，评书开场！
品茶听书，为你讲述有滋有味的大明传奇；
真真假假，权且当茶余饭后的谈资……
今天，我要给大家讲的是——爱玩蟋蟀的皇帝！

爱玩蟋蟀的皇帝

　　明宣宗朱瞻基是个治世的好皇帝，也是一个爱玩的皇帝，他始终保留着少年时的癖（pǐ）好——斗蟋蟀（xī shuài）。他闲着没事的时候，就翻翻皇宫大院的石块，看有没有蟋蟀。如果有，他就捉来一两只放在一个小盒子里，让两只蟋蟀打架。看着两只蟋蟀斗得你死我活，明宣宗高兴得不得了。

　　据说明宣宗玩蟋蟀，对蟋蟀的品质要求很高。当时苏州一带出产的蟋蟀质量好。一次，明宣宗下令，让苏州知府上供一千只蟋蟀。等蟋蟀被送到皇宫时，明宣宗却发现这批蟋蟀不擅打斗，很是恼火，不仅狠狠地斥责了苏州知府，还要求再献一千只蟋蟀，不得有误。明宣宗不放心，还派官员到那里督办此事。

由于皇帝对蟋蟀情有独钟，市面上的蟋蟀价格也是不断疯涨。苏州当地一名负责购买蟋蟀的小官，到处走访，终于寻得一个特别好的蟋蟀，他用自己骑的马换了回来。

一天，这个官员不在家，他的妻子很奇怪，就想看看究竟是什么蟋蟀这么贵重。谁承想，刚打开罐子，蟋蟀猛地从罐子里跳出来，她还没反应过来，蟋蟀就被大公鸡吃掉了。官员的妻子知道自己闯了祸，就上吊自杀了。官员回家后，发现蟋蟀没了，妻子也死了，就跟随妻子上吊了。

后来，明宣宗年纪轻轻就去世了，从此斗蟋蟀的风潮就在紫禁城消失了。

知识补给站

"仁宣之治"是怎么回事?

"仁宣之治"又称"仁宣盛世",是指明成祖朱棣以后,明仁宗朱高炽和明宣宗朱瞻基采取宽松治国和息兵养民等一系列政策,使天下安定,社会经济迅速发展,国家出现的盛世局面。

你知道大名鼎鼎的"宣德炉"吗?

宣德炉,是由明宣宗朱瞻基在大明宣德三年参与设计监造的铜香炉,简称"宣炉"。宣德炉以色泽为亮点,其色内融,通体光素,尽显铜炉精纯美质。宣德炉以黄铜制成,底书"大明宣德年制"楷书款,带底座。宣德炉是中国历史上第一次运用风磨铜铸成的铜器。

第 **4** 章

土木堡之变，
大明变了天

有言在先

　　常言道："一只苍蝇，坏了一锅粥。"明朝太监王振，将这句话演绎得淋漓尽致。为了个人私利，他打压异己，无所不用其极；为了个人田产，他间接导演了"土木堡之变"，明英宗被捉，几十万大军成了陪葬。万幸的是，明英宗最终回到了大明朝，但此后的朝廷，却又接连上演了皇位之争和血雨腥风的冤案惨剧……土木堡之变，给大明带来了难以抹去的创伤。

故事万花筒

太监闯祸，皇帝"背锅"

故事主角：王振、明英宗

故事配角：邝埜、樊忠等

发生时间：1449 年

故事起因：在大太监王振的怂恿下，明英宗冒冒失失地决
定亲征

故事结局：在土木堡之战，明军被瓦剌军打败，损失惨重，
明英宗被俘

　　明宣宗时，皇宫要招收一批太监。蔚（yù）州（今河北蔚县）有一个小混混，名叫王振，听说皇宫招太监，就自愿进了宫。宫里识字的太监不多，王振粗通文字，所以大家都叫他王先生。后来，明宣宗还派他教太子朱祁（qí）镇读书。朱祁镇年幼贪玩，王振就想出各种法子哄他高兴。

1435年，明宣宗离世，朱祁镇正式即位，是为明英宗。王振开始发挥溜须拍马的绝活，深受朱祁镇赏识，他也很快当上了司礼监太监。渐渐地，王振掌握了朝廷军政大权，成为朝廷一霸。

1449年，瓦剌首领也先派三千名使者到北京进贡马匹，要求赏金。王振发现也先谎报人数，而且还将进贡的马匹减少了，于是就削减了赏金。也先又为他的儿子向明朝求婚，也被王振拒绝。这一来，也先被激怒了，他率领瓦剌骑兵进攻

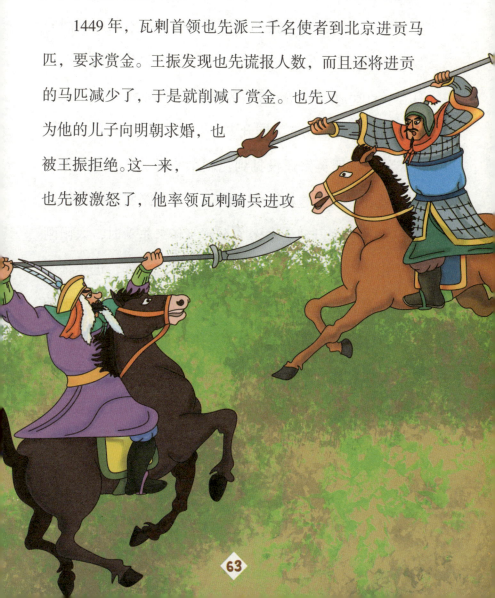

大同。守大同的明将出兵抵抗，被瓦剌军打得溃不成军。

常言道："皇上不急，太监急。"听说战败的消息，王振急得如热锅上的蚂蚁。因为王振的家乡离大同很近，而他在家乡有大批田产，他怕受到损失，就竭力主张明英宗带兵亲征。在王振的怂恿下，明英宗不顾大臣们的反对，竟冒冒失失地决定亲征。很快，明英宗就跟王振、邝埜（kuàng yě）等官员100多人，带领50万大军从北京出发，浩浩荡荡向大同开去。

结果，明英宗还没见到瓦剌军的影子，明军的先头部队就在大同城边被瓦剌军给灭了，各路明军也纷纷溃退下来。明军退到土木堡（今河北怀来东）时，太阳刚刚下山，有人劝明英宗趁天没黑，再赶一阵，进了怀来城再休息，即使瓦剌军来了，也可以坚守。可是王振却想着自己家里的财产，硬要大军在土木堡停下来。

不久，明军就遭到了瓦剌军的伏击。明军丢盔弃甲，狂奔乱逃，被杀和被踩死的明军不计其数，明英宗被俘，邝埜在混乱中被杀，闯大祸的王振也被将领樊忠一铁锤砸死了。历史上把这次事件称作"土木堡之变"。

"硬核"书生守京城

故事主角：于谦

故事配角：明英宗、明景帝、也先、伯颜帖木儿、石亨等

发生时间：公元 1450 年

故事起因：瓦剌首领也先想以被俘的明英宗和明朝换城池
和珠宝，结果被拒，也先带军进攻北京城

故事结局：在于谦的指挥下，明军多次打退也先部队，保
卫了京城

　　明英宗被俘的消息传来，京城顿时大乱。为了稳定
民心，文武大臣及皇太后决定拥立朱祁钰（yù）为帝，
朱祁钰半推半就地登上了皇位，是为明景帝。

　　也先俘虏了明英宗后，一时犯起难来，杀了不是，
放了也不是，大有骑虎难下的感觉。

　　也先的弟弟伯颜帖木儿对明英宗十分恭敬，在处理
明英宗去留的问题上，他有意释放，就对哥哥也先说："不

如拿明朝皇帝去换城池和珠宝，岂不是更好？"

但是令也先没想到的是，明朝根本没给他这个发财的机会。明朝新皇帝即位，而手中的王牌竟成了废牌，也先再也控制不住怒火。1449 年 10 月，也先挟持着被俘

66

的明英宗攻破紫荆关，兵逼北京城。

面对气势汹汹的瓦剌军队，大臣于谦迅速召集文武大臣商量御敌之策。大将石亨建议收兵固守，将远道而来的敌人拖垮。

于谦极力反对，他说："为什么向敌人示弱，使敌人更加轻视我们呢？"

于谦马上调遣（qiǎn）诸将带领20多万兵士，在九个城门外摆开阵势，于谦和石亨率军在德胜门外列阵，抵挡也先。

也先部队来到京城后，见明朝官军严阵以待，气势正盛，不免有些丧气。也先带军连续发动了几次进攻，都被明军打了回来。在战斗中，瓦剌军伤亡惨重，也先的一个弟弟勃罗也在明军的炮火中丧生。

在明军将领的奋勇抵抗下，在全城百姓的支援下，也先没占到一点便宜。又听说各地勤王的部队马上到来，也先只好带着明英宗向良乡（今北京房山）后撤。明军乘胜追击，大获全胜。

一个宫廷，两个皇帝

故事主角： 明景帝、明英宗

故事配角： 杨善、石亨、曹吉祥、徐有贞、于谦等

发生时间： 1450 年—1457 年

故事起因： 明英宗返回宫廷后，明景帝将其视作威胁，将其囚禁起来

故事结局： 在一些大臣的谋划下，发生了"夺门之变"，明英宗复位

1450 年 8 月，也先在被明军打败后，就派人南下求和，说愿意将明英宗放回来。

但这一消息，对明景帝来说，无疑是晴天霹雳。龙椅刚坐热乎，当皇帝还没过足瘾，怎么可能放下权力呢？大哥要是回来了，自己又何去何从呢？明景帝一下陷入了痛苦之中。在群臣的一致劝谏下，明景帝只能表面答应迎接英宗回来。

明景帝派了大臣杨善等人前往查探，谁知他们将明

英宗给接了回来。

9月16日，被俘一年多的明英宗，终于回到了京城。明景帝亲自迎接，除了脸色不太好外，一切都算不错。明英宗一回来，就被安排在南宫的一所房子里住下，并被软禁了起来。为了打消明景帝的疑虑，回来的第四天，明英宗就在太庙宣布，承认自己的弟弟为皇帝。

但明景帝可不领情，他对明英宗极不信任。他不但将南宫大门上锁灌铅，还加派人手严密看管，连食物都只能通过小洞递入。为了防止有人联络明英宗，明景帝

还把南宫附近的树木都砍了，让人无法隐藏。

1452 年 5 月，明景帝不顾大臣们的反对，立儿子朱见济为太子，立朱见济的母亲为皇后。不幸的是，一年多后，太子夭折，皇后也在几年后死去。

太子去世，不少大臣纷纷上书，劝说明景帝另立太子。刚遭遇丧子之痛的明景帝勃然大怒，将这些大臣都打入大牢，好几个体质差的竟被活活打死。此时，那些被明景帝排挤的官员，纷纷倒向了明英宗。

1457 年，明景帝忽然染上重病。尽管明景帝病重的消息被严密封锁，武清侯石亨还是知道了。趁皇帝病重，石亨、曹吉祥、徐有贞和杨善等人，集结了约 400 名禁卫军，冲入明英宗居住的南宫，将明英宗拥上了帝辇（dì niǎn；皇帝之车）。

明英宗被抬入皇宫后，石亨等人立即召集朝中大臣，宣布明英宗复位。等到朝臣明白发生了什么事后，明英宗已经安安稳稳地坐在龙椅上了。这就是历史上的"夺门之变"。此时，一个宫廷、两个皇帝的尴尬局面出现了。

一个多月后，明景帝病亡。于谦等很多大臣被徐有贞等以莫须有的罪名处死，忠臣就这样被冤杀。

知识补给站

哪位皇帝废除了"活人殉葬制度"?

在明朝初期,不但皇帝死了要用活人殉葬,而且皇帝的儿孙们死了,也要用活人殉葬。1464年正月,明英宗病危,他最放心不下的就是钱皇后。他知道自己死后,按照殉葬制度,没有孩子的钱皇后会被逼着陪葬,他不忍心钱皇后落得这样的下场,于是下诏废除了后妃殉葬制度。

成语"两袖清风"是怎么来的?

明朝正统年间,宦官王振以权谋私,各地官僚为了讨好他,多献以珠宝白银。巡抚于谦每次进京,总是不带任何礼品。他的同僚劝他说:"你虽然不献金宝、攀求权贵,也应该带一些土特产等物,送点人情呀!"于谦举起两袖,风趣地说"带有清风"!以示对那些阿谀奉承之贪官的嘲弄。"两袖清风"的成语从此流传下来。

第 **5** 章

任性皇帝明武宗

有言在先

明武宗朱厚照一登上皇位，大明朝就翻了天。明武宗很爱玩，为寻求刺激，他模仿街市建造了许多店铺，让太监等扮演各种角色；他还建造了大型野生动物园"豹房"，里面藏有许多乐工、美女、男宠等……他还多次进行北巡、南巡。

皇帝有个武将梦

故事主角：明武宗

故事配角：江彬、梁储、毛纪、蒋冕、张钦等

发生时间：1517 年

故事起因：得知鞑靼部落小王子入侵，明武宗朱厚照私自溜出宫，决定与小王子一决雌雄

故事结局：在一众文武大臣的劝阻下，明武宗遗憾地回到了北京城

1517 年 8 月的一天，北京城里烈日炎炎，大街小巷一片宁静，而紫禁城里却炸开了锅。大臣们有的捶胸顿足，有的唉声叹气，有的老泪纵横，场面极为悲伤。原来，明武宗朱厚照不见了。最终，他们在明武宗贴身侍卫那里得知，皇上昨晚溜出宫了。

原来明武宗有一个武将梦，他渴望驰骋战场，与北方的**鞑靼**（dá dá；明朝对东部蒙古的统称）、瓦剌等拼个你死我活，一决雌雄。但边境很长时间都很安定，使明武宗没有丝毫机会。

1517年，鞑靼部落的小王子入侵。这个小王子让明朝皇帝十分头疼。只要他一来，每次都搅得边关鸡犬不宁。

一看机会难得，好战的明武宗就想与这个小王子切磋切磋。在江彬（bīn）的蛊惑下，两人轻装简行，趁着月黑风高，就这样出发了。

皇帝跑了，朝臣们心急得不得了。内阁大臣梁储、毛纪和蒋冕（miǎn）知道后，不敢迟疑，上马便追。好在并没有走多远，他们便和明武宗相遇了。任凭几位老臣磨破了嘴皮子，任性的明武宗就是不回朝，竟策马扬鞭，

75

跑向了居庸关。

三位大臣立即派人火速前往居庸关，将明武宗的行程告诉当地守军，希望他们可以拦住皇帝。

明武宗抵达居庸关城门下，喝令巡官御史立即开门。当时的巡官御史名叫张钦（qīn）。他早就向明武宗呈递过奏折，劝他不要贸然出关。谁知明武宗接到奏折便丢到一旁。

任凭明武宗在城门下大呼小叫，张钦就是不予理睬。明武宗拿他没办法，只好软磨硬泡地求情，而张钦却不为所动。

到了夜里，看明武宗还是不肯走，张钦连夜草草写了一封奏疏递到城门下。奏章还没送到，使者便来了。张钦拔剑呵斥，吓得使者逃了回来。使者返回后，对皇帝说："张御史差点杀了我。"

明武宗顿时火起，他回头告诉身边的随从，马上把这个不知天高地厚的御史给杀了！

眼看张钦的命即将不保，追赶明武宗的文武官员抵达了居庸关。明武宗原本就理亏，在群臣的百般劝说之下，只好闷闷不乐地回到了皇宫。

闹北疆的"威武大将军"

故事主角：明武宗

故事配角：小王子、明军、鞑靼军等

发生时间：1517 年—1519 年

故事起因：得知小王子率鞑靼部队来袭，明武宗执意亲征

故事结局：在与鞑靼军队的多次交战中，明军大获全胜

1517 年 10 月的一天，当明军与小王子统率的鞑靼部队打得热火朝天的时候，只见远处一匹高头大马飞驰而来。马背上坐着一个戎装重甲的男子，他手持长剑冲入人群，当即砍死一名鞑靼兵，战场上的局面也随之逆转。这马背上的人，正是明武宗朱厚照。

在这之前，明武宗第一次逃出宫以失败告终，但这并没有浇灭他征战沙场的热情。不久，在得知小王子统率鞑靼部队再一次来袭时，明武宗兴奋得不得了，他打算亲征。此时距"土木堡之变"不过几十年，一听"亲征"

二字，大臣们不禁一哆嗦，于是又是一轮的规劝、教训，但明武宗坚持己见，并以"总督军务威武大将军总兵官朱寿"的身份，领军数万，投入了他向往已久的战斗。

鞑靼各部分道南下。小王子得知明武宗亲自到来，便重点进攻他所在的应州（今山西北部），双方展开了激烈战斗。由于明朝军队的指挥官是当今皇帝，这让士兵们受到极大激励，他们突然产生了前所未有的勇气，一个个拼死杀敌。小王子见势不妙，只好撤军。

见小王子撤军，还没打过瘾的明武宗觉得很不满意。过了几天，明武宗带领明军最有战斗力的军队与鞑靼小王子展开了决战。明武宗一马当先，明军奋勇杀敌，战斗进入到了空前激烈的状态。这场战争持续了整整一天。到了夜里，小王子见形势不妙，仓皇而逃，这一仗也对小王子起到了不小的震慑作用。

1519年，明武宗又突发奇想，离开了皇宫，带了17000人的军队。这一次的出行，一共持续了五个月之久。巡边时，明武宗骑着马，挎着弓箭，冒着狂风暴雪，历尽艰险才走完全程。一路上，随行人员一个接一个病倒，明武宗却凭借超凡的毅力和勇气，坚持到了最后。

随着时间的推移，大臣们渐渐放心了，认为这个爱折腾的皇帝终于安分下来了。谁知，没过多久，明武宗宣布了新的决定——要去南方。

荒唐帝，把命玩丢了

故事主角：明武宗

故事配角：杨廷和、江彬、朱宸濠、王守仁、刘娘娘等

发生时间：1519 年—1521 年

故事起因：宁王朱宸濠叛乱被平定后，明武宗依然执意南巡，做出各种荒唐之事

故事结局：明武宗在返回途中落水，至此一病不起，并最终死去

1519 年 2 月，明武宗朱厚照忽然下诏，宣布他将派总督军务威武大将军朱寿南巡，要登泰山，登武当，遍游中原。

在大学士杨廷和的带领下，大臣们纷纷上疏阻止明武宗出京。大臣们有的长跪不起，有的一封接一封地上疏，更有的在明武宗面前号啕大哭。不久，明武宗终于爆发了。

这一天，一百多名上疏劝阻的官员齐聚午门，密密

麻麻地跪了一地。在江彬的挑唆下，这些朝臣们不仅被罚跪长达六个时辰，而后还被各打几十大板，再押入大牢。因为此事，被打死的官员有 11 人之多，被贬官的也有上百人。明武宗南巡的事情就这样暂时搁浅了。

宁王朱宸濠（chén háo）是明太祖朱元璋的五世孙。他见当朝皇帝荒淫无道，不理朝政，就在自己的封地江西开始了反叛的准备。

1519 年 6 月 14 日，朱宸濠打着讨伐无道暴君明武宗的旗号正式起兵，大举向中原挺进。

消息传到京城，明武宗不但没有丝毫忧虑，反而拍手称快。这一次，他终于找到了南巡的最佳借口。

明武宗率领京师精锐部队数万人出发，一天后到达涿（zhuō）州。就在这时，王守仁的捷报传来。明武宗看到捷报，心中很不是滋味，他亲手抓获朱宸濠的愿望就这样破灭了。

大臣们开始劝明武宗还朝。在明武宗看来，好不容易出来了，哪有轻易回去的道理？他依然继续南征。这一路上，明武宗虽然身披铠（kǎi）甲，却游山玩水，赏花观鸟，一边走还一边要求臣下为自己搜罗金银财物。

这样一直到了十二月初一，他才抵达扬州府。

到达扬州的第二天，明武宗带领随从们去城外打猎，尽兴而归。从此他迷上了打猎，每天的生活几乎都是在打猎中度过。对于群臣的劝说，他从不理会。刘娘娘出面，

救命！

才劝住了明武宗。

明武宗接到奏报，朱宸濠被押到。为弥补没能亲手抓获朱宸濠的遗憾，他在自己的住处布下阵势，然后给朱宸濠松绑，自己则跨上马背，重新表演了一出活捉宁王的好戏。

在众位大臣和刘娘娘的苦劝下，明武宗终于打算返京了。大部队抵达清江浦（pǔ）。明武宗发现这里的游鱼又多又美，就跳下马车，一个人驾了小船到河里抓鱼。谁知一个不稳，他掉到水中不见了。

随行的众人慌忙跳入水中援救。一阵折腾后，终于把明武宗拉上岸。虽然有惊无险，但他也因此受到惊吓，一病不起。

回到京城后，明武宗的身体一天不如一天。1521 年，明武宗一命呜呼，年仅 31 岁。

醒木一响，评书开场！

品茶听书，为你讲述有滋有味的大明传奇；

真真假假，权且当茶余饭后的谈资……

今天，我要给大家讲的是——天池的传说！

天池的传说

相传明朝修金山岭长城的时候，大旱无雨，山上没水，修城和灰的水都是从山下靠葫芦和背篓抬上来的。为了不延误工期，即使农工渴得嗓子冒烟，这用来和灰的水也是不能碰的，否则就会挨鞭子抽打。

有一次，几个农工背水上山，行至山顶，忽然听到一声凶猛的吼叫。大家吓得大气都不敢出，两腿发抖，牙齿打颤。往前一看，一只老虎正趴在地上喘着大气。

一个山东大汉从人群中慢慢走向老虎，仔细一看，发现老虎也是渴得有气无力，看样子不出半个时辰就会

渴死。大汉动了恻隐之心，就发动大家用水救救老虎。

看到兄弟们为难，大汉说道："我们不分昼夜地修长城，监工还限制我们喝水，这样下去，我们不累死也得渴死！不如做点好事，让这只老虎活下去。"说完，便将水倒进老虎嘴里。大家也纷纷把水递给大汉。

农工们把水都给老虎喝了，老虎还是没喝够的样子。大家正奇怪之时，发现老虎不知何时变成了石头。

正当大家摸不着头脑的时候，监工从后边跑来，看到葫芦和背篓中的水空了，顿时大发雷霆，挥起鞭子就要抽打农工。然而就当鞭子要落下的一瞬间，有人听到了老虎的厉吼，监工的鞭子也不知飞到哪里去了。随后一声巨响，只见石虎裂成了三块。居中那块巨石的半腰有一个洞，洞里现出了一泓清水，清澈见底，味道甘甜。大家以为是天神显灵，纷纷跪地磕头。更神奇的是，不管怎样用水，这里的水也不会干枯，大伙都喝了个痛快。

山上有了水，筑城砌墙就省了很多力气，城楼很快就修好了。传说，此后敌兵入侵，城楼总会发出吓人的吼声，使敌兵望而却步。而至于那一泓清泉，至今仍旱不枯、涝不溢，所以人们称之为天池。

知识补给站

"吴中四才子"都有谁?

吴中四才子,即江南四大才子,是指明代生活在江苏苏州的四位才华横溢且性情洒脱的文化人。一般认为,他们是唐寅(唐伯虎)、祝允明(祝枝山)、文徵明和徐祯卿。徐祯卿的诗多佳作,诗论也有许多独到之处。唐寅、祝允明、文徵明不但能作诗,且擅长书法、绘画,以多才多艺见称。

"南陈北崔"说的是哪两个人物?

"南陈北崔"说的是明朝后期两位以人物画著称的画家陈洪绶和崔子忠。两人不仅以画、尤其是人物画名世,他们的为人、处世、性情乃至画风也各有相通之处,画史经常将两人相提并论。

第6章

嘉靖朝的那些事

有言在先

　　嘉靖皇帝在位之初，可谓英明神武。不仅大赦天下、宽以治民，减轻赋役、整顿朝政，还打跑了百般纠缠的倭寇，开创了嘉靖中兴的盛世局面，也使朝廷风气焕然一新。

　　然而，嘉靖皇帝没能逃脱"新官上任三把火"的魔咒。执政中后期，嘉靖皇帝性情大变，疏于朝政，潜心养生修道，导致奸臣擅权、国库亏空，各地起义更是按下葫芦起了瓢。大明王朝，开始走向了下坡路。

群臣难断家务事

故事主角： 嘉靖（jìng）皇帝

故事配角： 张璁、何孟春、杨慎、王元正等

发生时间： 1524 年

故事起因： 嘉靖皇帝是个大孝子，他当了皇帝后，坚持将死去的父亲兴献王奉为太上皇，遭到群臣的反对

故事结局： 在"左顺门案"中，反对的群臣们有的被下狱，有的被打死

1524 年 7 月的一天中午，嘉靖皇帝正在殿里悠哉地喝茶，突然被一阵呼天抢（qiāng）地的哭声惊到，心想这是什么人，如此胆大放肆？

常言说"百因必有果"，但百果也必有因。原来，嘉靖皇帝的堂哥明武宗死后，没留下儿子，他就幸运地继承了皇位。嘉靖皇帝是个大孝子，他上台后，就想把死去的父亲兴献王封为太上皇。

这天早上，嘉靖皇帝不再犹豫。他在左顺门接见各位大臣，当众宣布了这一不符合祖制的决定。

这个消息犹如一声惊雷，很多大臣一时都有些招架不住。就在这时，嘉靖皇帝的亲信张璁（cōng）站出来支持他，还指责朝臣不顾君臣之情，结党营私。

大臣们本是有理的一方，反被倒打一耙，自然激愤

难当。很多大臣纷纷递交章疏进行抗辩，嘉靖皇帝连理都不理。大臣们疑虑难消，早朝后久久不肯离去，聚集在一起分析形势，吏部右侍郎何孟春提出大家一起抗争。

于是，或出于义愤、或出于无奈的众臣纷纷响应，200多名朝廷官员一齐跪伏于左顺门。他们开始集体大哭，有的臣子一边痛哭，还一边高呼孝宗皇帝。

嘉靖皇帝为大臣们的举动感到吃惊，气得直发抖，急忙派太监传旨劝退，但大臣们正在气头上，仍是跪伏大哭。嘉靖皇帝让身边的太监去当说客，但大臣们很强硬，丝毫不买皇帝的账。倔强的臣子与倔强的皇帝，双方谁也不肯让步，不觉日已过午。嘉靖皇帝的耐性终于耗没了，决定给群臣们来点硬手段。

嘉靖皇帝一声令下，锦衣卫纷纷出手。杨慎、王元正见皇帝如此不顾众怒，撼门大哭，其他大臣有如听见了指令般也放声大哭。这惨烈的哭声，让嘉靖皇帝更加恼怒，他传令将嚎哭的大臣全部抓起来，痛打一顿，其中有十多人被打死。这就是轰动一时的"左顺门案件"。

不久，嘉靖皇帝正式昭告天下，尊明孝宗为"皇伯考"，父亲兴献王为"皇考"，母亲为"圣母"。

宫女急了也造反

故事主角：杨金英等众宫女

故事配角：嘉靖皇帝、陶仲文、端妃、皇后等

发生时间：1542 年

故事起因：嘉靖皇帝迷恋丹药，大量征召宫女，宫女们不得进食，还要忍受毒打，这引发了宫女们的刺杀行动

故事结局：嘉靖皇帝躲过一劫，宫女们都被处以极刑

嘉靖皇帝崇尚道教，相信长生不老之术，因而迷恋丹药。为了炼制不老神丹，他大量征召十三四岁的宫女。她们只能吃桑叶、喝点露水，不能进食。

哪里有压迫，哪里就有反抗。因为长时间营养不良，宫女们日渐消瘦，身体一天不如一天，简直生不如死。很多宫女生了大病，她们决定，找机会杀死嘉靖皇帝。

1542 年 10 月的一个晚上，嘉靖皇帝在服用了陶仲文炼制的丹药之后，来到了端妃的住所。这位端妃虽然受

嘉靖皇帝的宠爱，却也时时遭受他的冷待。而侍奉端妃的宫女，更是经常受到责罚。

在这些宫女中，有一位胆大的人，叫杨金英。她召集了十多位宫女，商量说："咱们赶快下手吧，要不然早晚会死的。"她们准备在皇帝再次来时，将皇帝弄死。

过了一阵，嘉靖皇帝又睡在端妃宫中。趁这个机会，杨金英和众宫女一齐下手，把嘉靖皇帝死死按住。嘉靖皇帝从梦中惊醒，正要叫喊，却被人用布团塞住了口。宫女们用事先准备好的绳套，把嘉靖皇帝的脖子套住，然后用手拉扯。这些宫女在慌乱之中，打成了死结，怎么勒都勒不紧。此时的嘉靖皇帝拼命挣扎。

有几个宫女急了，她们拔下金钗（chāi）、银簪（zān），在皇帝身上便是一顿乱刺。眼见皇帝勒不死，有人害怕了，认为这是"真命天子"。有一个胆小的宫女，直奔皇后那里自首。皇后听说宫女谋杀皇帝，连忙带人救驾。

杨金英等人见势不妙，只得抛下皇帝，四处奔逃。最后一个个被抓了起来。此时的嘉靖皇帝，虽然没有被勒死，却也吓得昏了过去，而且浑身是血。这就是明朝历史上的"壬寅（rén yín）宫变"。

结果可想而知，杨金英等众宫女都被处以极刑。

刚正不阿的海瑞

故事主角：海瑞

故事配角：嘉靖皇帝、鄢懋卿等

发生时间：1562 年—1567 年

故事起因：海瑞秉公办事，不畏强权，百姓都称他是"海青天"

故事结局：海瑞因向嘉靖皇帝进谏，而被夺官下狱，后来才官复原职

严嵩（sōng）掌权时，可谓"一人得道，鸡犬升天"。不仅他的亲戚，就连他手下的党羽，也都依仗权势作威作福。上到朝廷大臣，下到地方官吏，都得让着他们几分。

在浙江淳（chún）安县里，有一个天不怕地不怕的小县官，他秉公办事，对严嵩的同党也丝毫不讲情面。他的名字叫海瑞。

海瑞中了举人后，被调到浙江淳安做了知县。海瑞到了淳安，认真审理过去留下来的积案。不管什么疑难案件，到了海瑞手里，一件件都调查得水落石出，从不冤枉一个好人。当地百姓都称他是"海青天"。

有一次，京里派御史鄢懋卿（yān mào qīng）到浙江视察。鄢懋卿是严嵩的干儿子，独得干爹的真传，敲诈勒索的手段更阴险。他一路上威风凛凛，每到一个地方，地方官吏要是不"孝敬"他一笔大钱，他是决不会放过的。各地官吏一听鄢懋卿要来视察，都一筹莫展。可鄢懋卿却把自己包装成清官，还通知各地，说他向来喜欢简单朴素，不爱奉迎。

海瑞听说鄢懋卿要到淳安来，就给鄢懋卿送了一封信，信里说："我们接到通知，要我们招待从简。可是据我们得知，您每到一个地方都是大摆筵（yán）席。这就叫我们不好办啦！要按通知办事，怕怠（dài）慢（表示招待不周的客套话）了您；要是像别的地方一样大肆铺张，又怕违背您的意思。请问该怎么办才好？"

鄢懋卿一看这人揭穿了自己的老底，气得咬牙切齿。但是他早听说海瑞是个铁面无私的硬汉，有些不好惹，就临时改变主意，绕过淳安，到别处去了。

通过这件事，鄢懋卿对海瑞怀恨在心。后来，他在嘉靖皇帝面前狠狠告了海瑞一状，海瑞被撤了淳安知县的职务。

严嵩倒台后，鄢懋卿也被充军到外地，海瑞恢复了官职，后来又被调到京城做官。那时候，嘉靖皇帝已经有 20 多年没有上朝了。海瑞虽然官职不大，却冒死写了一道奏章向皇帝进谏。奏章为大明江山陈辞，为黎民

皇上，我写的奏章您看了吗？

百姓请命，为抗倭除奸疾呼。句句**针砭时弊**（zhēn biān

shí bì；比喻指出错误，劝人改正），句句不留颜面，把

明王朝的腐败现象痛痛快快地揭露出来。

　　海瑞这道奏章犹如一颗炸弹，在朝廷引起了一场轰

动，更触怒了嘉靖皇帝。嘉靖皇帝看了奏章后，恨不得

杀了海瑞，在大臣们的求情下，海瑞被抓了起来，并交

给锦衣卫严刑拷打。1567 年，嘉靖皇帝死后，海瑞才被

释放。

戚继光平息倭患

故事主角：戚继光

故事配角：倭寇、东南沿海百姓、俞大猷等

发生时间：1561 年—1566 年

故事起因：明朝嘉靖年间，倭寇不断侵扰中国沿海地区

故事结局：戚继光带领戚家军不断对倭寇作战，使倭患得
以平息

嘉靖年间，我国东南沿海一带倭寇（wō kòu；侵扰劫掠中国沿海地区的日本海盗）横行，他们滋扰抢掠，杀人放火，挖坟掘墓，甚至把婴儿绑在竿上，用开水浇，看着拍手大笑。倭寇的罪行，给中国人民带来了灾难，人民纷纷进行反抗斗争。

在抗倭斗争中，戚（qī）继光领导的戚家军功劳最大。这支军队纪律严明，作战英勇，战斗力爆表，打得倭寇闻风丧胆，望风而逃。

　　1561 年 4 月，倭寇聚集了一万多人，数百艘战船，大举侵扰浙东的台（tāi）州和温州，骚扰了大片地区，气焰非常嚣张。

　　戚家军见状，迅速出击，陆续在龙山和雁门岭打败倭寇，接着驰援台州，在台州外上峰岭设伏。戚家军士兵每人执松枝一束，隐蔽住身体，使倭寇以为是丛林，等倭寇过去一半，立刻发起进攻，全歼了这股倭寇。台州的战斗历时一个多月，共斩杀倭寇 1400 多人，烧死、溺死倭寇 4000 多人。

一波刚平，一波又起。这时，福建沿海倭患严重，福建巡抚向朝廷一再告急。戚继光又奉命到福建抗倭，仅仅三个月，就荡平了横屿（yǔ）、牛田、林墩（dūn）三个倭寇巢穴，把倭寇打得到处逃窜。

1563 年冬，两万多倭寇围攻仙游。仙游军民昼夜在城上死守，情势十分危急。戚继光调各路明军，切断仙游倭寇与福建其他各处倭寇的联系，对围攻仙游的倭寇发起总攻，一举将这批倭寇消灭了。接着，戚继光又在同安、漳（zhāng）浦两地指挥戚家军大败倭寇，使福建境内倭患平定下来。

经过戚继光、俞大猷（yóu）等抗倭将领的共同努力，以及沿海军民的浴血奋战，到 1566 年，横行多年的倭患，终于得到基本解决。

一代名医李时珍

故事主角：李时珍

故事配角：嘉靖皇帝、李言闻、楚王等

发生时间：1561 年—1566 年

故事起因：李时珍青年时立志学医，并成为当时荆楚一带的名医

故事结局：李时珍走南闯北，花了 30 多年时间，终于写成了著名的医学著作《本草纲目》

　　嘉靖皇帝在位期间，想得到长生不老的药剂，并下令让各地官吏推荐名医。正在楚王府里做医生的李时珍，便被推荐到朝廷做太医（专门为帝王和宫廷官员等上层统治阶级服务的医生）。

　　李时珍出身于医学世家，其父李言闻是当地有名的医生。李时珍从小爱好读书，14 岁考中秀才，后来参加乡试考举人，屡试不中。

　　20 岁那年，李时珍身患"骨蒸病"（即肺结核），

幸得父亲精心诊治才得以痊愈。他于是下决心弃儒从医，潜心钻研医学。

1545年，蕲（qí）州一带洪水泛滥成灾，灾后瘟疫流行，人民贫困，无钱求医。李时珍有志学医，又**体恤**（tǐ xù；指替他人实际处境着想而怜悯、帮助）民众疾苦，借此机遇进行实践，治好了许多病人。由于勤奋钻研，37岁的李时珍已成为荆楚一带的名医，千里求药的人，络绎不绝。

有一次，楚王的儿子得了一种抽风的病，久治不愈。楚王

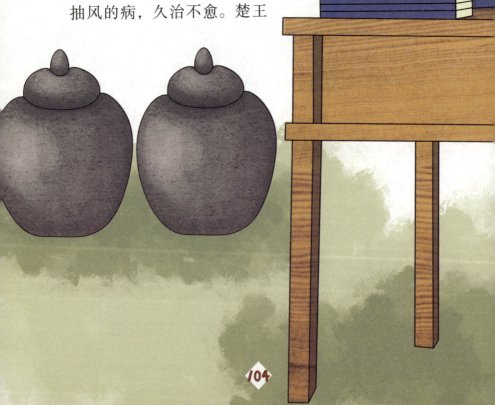

便派人请李时珍为他儿子诊病。李时珍看了病人的气色，又按了按脉，知道这孩子的病是由肠胃引起的。他开了调理肠胃的药方，楚王的儿子吃过药后，病很快就好了。楚王非常高兴，挽留他在府中任"私人医生"，李时珍同

意了。李时珍知道楚王一向与郝、顾两家交往密切，而这两家藏书很多，借此机会可以借到《神农本草经》《证类本草》等历代药典研究，既可以丰富自己的医学知识，又可以为今后自己撰书打下基础。

不久，嘉靖皇帝下令让全国名医集中到太医院，楚王推荐李时珍赴京都太医院任职。李时珍也想借此机会，更好地与名医切磋交流。在此期间，他几次提议编写《本草》一书，但都被拒绝。李时珍只在太医院待了一年，就告病归乡了。

回乡后，他边行医，边查阅前贤著述、药典等。此外他踏遍青山，足迹遍及河南、河北、江西、安徽、江苏等省，又攀登了天柱峰、茅山、武当山，采集标本，求教于药农、果农，也冒险品尝了多种草药。

李时珍花了 30 多年时间，写成了著名的医学著作《本草纲目》一书。《本草纲目》共有 52 卷，190 万字，收载药物 1897 种，附药图 1000 余幅，并载附方 10 000 余则。书中不仅考证了过去本草学中的若干错误，还提出了较科学的药物分类方法，这是一部具有世界性影响的医学著作。

醒木一响，评书开场！
品茶听书，为你讲述有滋有味的大明传奇；
真真假假，权且当茶余饭后的谈资……
今天，我要给大家讲的是——大明公主遭骗婚！

大明公主遭骗婚

明代皇室有个奇葩的规定，那就是公主不允许嫁给文武大臣的子弟为妻，这无疑给了民间一些人士攀高枝的机会。

嘉靖皇帝有个妹妹永淳公主，兄妹关系很好。公主长大后，嘉靖皇帝就想为妹妹挑选个好驸马。他起初挑了一个叫陈钊（zhāo）的人，将其定为驸马。

就在永淳公主即将出嫁之时，出现了一个棘手的情况：有人告发说，陈钊家族世代患有恶疾，而且母亲是再婚，还做了别人的小妾。一个身份高贵的大明公主，怎能嫁给一个小妾的儿子为妻呢，这实在是有损尊严。这件事，也引起了大臣们的争执，嘉靖皇帝只好悔婚了。

一次海选不成，那就来第二次。经过千挑万选，又挑中了一个叫谢昭（zhāo）的男子。这次，嘉靖皇帝满怀希望，他决定先接见谢昭。谁知一见面，嘉靖皇帝发现这个谢昭丑得一言难尽，和官员们描述的样子相差十万八千里，当即暴怒，然而婚期不等人，嘉靖皇帝只好自吞苦果，准许妹妹永淳公主下嫁谢昭。

⚜知识补给站⚜

什么是"一条鞭法"?

一条鞭法规定,先将田赋和徭役分别归并,再将扰民最重的徭役逐步并入田赋内;原十年一轮的里甲改为每年编派一次;赋役普遍用银折纳;征收起解从人民自理改为官府办理;赋役外的"土贡"杂税也加以合并,合并后的赋役杂项均向田亩征收,特点为役并入赋。

你知道"庚戌之变"吗?

庚戌之变指嘉靖二十九年(1550年)鞑靼军进攻北京的事件。当时严嵩执政,战备废弛,蒙古土默特部俺答汗率军进入古北口,直逼北京城。严嵩害怕战败无法掩饰,下令不许出击,任由军队掳掠之后,让他们撤退。后来,严嵩又包庇党羽大将仇鸾,杀害当时执行自己这个毫不抵抗命令的兵部尚书丁汝夔以塞责。

第 **7** 章

万历——休长假的皇帝

有言在先

明神宗朱翊钧（yì jūn）登基时只有 10 岁，大学士张居正就成了大明王朝的代理人。张居正又是整顿吏治，又是改革赋税，又是巩固国防，忙得不可开交。

张居正死后，万历皇帝来了个卸磨杀驴，张居正不仅坟墓被掘，还被鞭尸，成为皇帝口中"擅权乱政"的小人。张居正的亲信及家人也连带遭殃。在这之后，万历皇帝彻底来了个"隐身"操作，开启了史无前例的"休长假"模式。

治国能臣张居正

故事主角：张居正

故事配角：明神宗、冯保、戚继光等

发生时间：1572 年—1582 年

故事起因：首辅张居正在辅佐明神宗期间，对政治、经济、国防等方面进行了一系列改革

故事结局：在张居正的辅助下，明朝社会经济取得了很大发展

　　1572 年，大学士张居正与宦官冯保开始辅助年幼的明神宗执政。不久，张居正利用冯保将高拱挤掉，代之为首辅。至此，张居正、冯保两人开始执掌明王朝。张居正根据明穆宗的嘱托，像老师教学生一样，辅导年仅 10 岁的明神宗。他还自编了一本历史故事书，叫作《帝鉴图说》，每天讲给明神宗听。

　　刚开始，明神宗把张居正当作严师看待，既尊敬又惧怕。再加上太后和宦官冯保支持张居正，朝中大事几乎全部由他做主了。为扭转军政腐败、财政空虚、民不聊生的局面，张居正在整顿吏治、巩固边防、整顿经济、兴修水利等方面进行了一系列的改革。

那时，北方的鞑靼不时入侵内地，对明王朝构成威胁。张居正把抗倭名将戚继光调到北方去镇守蓟州。戚继光在从山海关到居庸关的长城上修筑了3000多座堡垒，以防鞑靼的进攻。戚家军号令严明，武器精良，多次打败鞑靼的进攻。鞑靼首领见使用武力不行，便表示愿意和好。在以后的二三十年中，明朝和鞑靼之间没有发生战争，北方各族人民也安定下来。

当初，由于朝政腐败，大地主兼并土地，巧取豪夺，地主豪绅越来越富，国家却越来越穷。张居正下令清查土地，结果查出了一批被皇亲国戚、豪强地主隐瞒的土地，这一来，使一些豪强地主受到了抑制，增加了国家的收入。

与此同时，张居正又把当时名目繁多的赋税和劳役合并起来，折合成银两来征收，是为"一条鞭法"。经过这种改革，一些官吏就不能营私舞弊，也大大增加了朝廷的收入。

经过 10 年的努力，张居正的改革措施起到了明显的效果，使明朝的经济得到一定程度的恢复，国家的存粮也多了起来，百姓的生活也稳定了很多。

明神宗：出气的时候到了

故事主角： 明神宗、张居正

故事配角： 冯保、慈圣皇太后等

发生时间： 1582 年

故事起因： 明神宗长大后，越发厌恶功高盖主的张居正和冯保

故事结局： 张居正死后，明神宗开始了彻底的报复和清算

　　明神宗到了可以亲政的年纪，也懂得了什么是功高震主，只是内有冯保，外有张居正，他们二人共同把持着朝政，明神宗感到非常憋屈。再加上张居正平日里对明神宗甚是严格，这让明神宗越来越反感，这种不满日积月累，就转化成为仇恨。

　　一日，明神宗读书，读至"色勃如也"之时，因走神，将"勃"误读为"背"，便遭张居正严厉训斥，明神宗惊惶失措，默不作声，神态宛如遭遇恐吓一般。

　　又一次，明神宗因醉酒被冯保告状，慈圣皇太后震

怒之下，差点儿将明神宗废掉。张居正上疏进谏，明神宗被罚在慈宁宫跪了好几个时辰，后张居正替明神宗写下《罪己诏》才了事。明神宗越发厌恶张居正和冯保，视他二人为眼中钉、肉中刺，不拔掉便寝食难安。

1582年，张居正突然病倒了，一连在床上躺了三个月，仍不见好转。

张居正躺在床上，心很急，以致他食不甘，寝不寐。但这病就是好不了，越好不了，他越急，如此便形成了恶性循环。张居正等不了了，太多事情让他放心不下。

更令张居正担忧的是，十年改革，初见成效，大明王朝正生机盎然，大步走入正轨。可是，潜伏的敌人，时刻伺机行动，意在推翻新政。现下，是做决定的时刻了。

这日，宫中御医云集于张居正宅中，眉头紧锁。张居正命令他们给自己做手术，以斩草除根，永绝后患。但是，众御医并没有十足的把握。

张居正把自己的命运交给了上天，只是，上天没有眷顾他，手术使他元气大伤，再也起不来了。1582年，张居正最终劳瘁而死。

在张居正尸骨未寒之时，一场针对他的风暴袭来了。

明神宗的报复开始了，首先遭殃的是张居正的亲信——要么被削职，要么被弃市，无一有好下场。

冯保是重点清算对象。明神宗不仅查抄了冯保的家产，还把他发配到南京孝陵种地。冯保的弟弟、侄子也受到牵连，被削职之后又遭逮捕，最终死于狱中。

张居正的家属更是凄惨，饿死的、自杀的、流放的、逃亡的都有，一时之间场面很是悲壮。一国权臣，生前是何等风光，竟然落得如此可悲的下场。

你去南京种地还是很合适的。

休长假的皇帝

故事主角：明神宗

故事配角：雒于仁、张差、朱常洛、方从哲、吴道南、刘光复等

发生时间：1589 年—1615 年

故事起因：在执政中后期，明神宗连续 20 多年不上朝

故事结局：对于劝谏的大臣，明神宗直接将其下狱或处死，明朝逐渐衰弱

明神宗执政早期，可谓胸怀大志，励精图治。在此期间，他连续平定蒙古哱（bā）拜叛乱、平定西南杨应龙叛变，颇具雄主的手腕和胆略。就是这样的好皇帝，后来却纵情声色、不理朝政，前后简直是两个人。

明神宗在处理了张居正、平定三方后，彻彻底底不理朝政了。他整天说自己"一时头昏眼黑，力乏不兴"；不久，又称"腰痛脚软，行立不便"，病情加剧，于是不再上朝。

有一个胆大的大臣雒（luò）于仁，看皇帝如此堕落，就上了一疏，疏中批评明神宗纵情于酒色，并献"四箴（zhēn；劝告劝诫）"。这"四箴"可把皇帝气疯了，于是狠办了雒于仁，但这"四箴"却恰恰可以形容明神宗的后半生。明神宗甚至还抽起了鸦片，每天陶醉在吸食的快感之中。

自从1589年开始，明神宗索性不出宫门、不理朝政、不郊、不庙、不朝、不见、不批、不讲，也创造了20多年不上朝的历史记录。直到1615年，明神宗因"梃（tǐng）击案事件"，才勉强到皇宫上亮了一次相。

那一年，一个名叫张差的男子，闯入太子朱常洛所住的慈庆宫，被侍卫发现并逮捕。官员们对该案的看法分为两派：一派认为张差精神不正常，这只是一件偶发的事件；另一派认为它涉及夺嫡（dí）的阴谋——明神宗最宠爱的郑贵妃生有一个儿子朱常洵，她企图让自己的儿子继承帝位，所以收买张差行凶。明神宗和太子都不愿此事涉及郑贵妃，为了向官员们保证绝不更换太子，明神宗才走出寝宫，亲自解释。

明神宗出现时，从没有见过面的方从哲和吴道南，率领文武百官恭候御驾。明神宗和太子开始向大臣们表示彼此关系的亲密，并询问诸大臣有何意见。当时方从哲除了叩头外，不敢说一句话，吴道南更不敢说话，其他臣僚也是鸦雀无声。

御史刘光复大概想打破这个僵局，开口启奏，可是一句话没说完，明神宗就大喝一声："拿下。"几个宦官立即把刘光复抓住痛打，然后摔下台阶，在鲜血淋漓中，他又被锦衣卫绑到监狱。

对于这个突变，方从哲还能挺住，可吴道南却没太强的心理防线，因过度惊吓，他栽倒在地，屎尿一齐排出，一时间臭气熏天。

明神宗很快回到深宫，众人把吴道南扶出，他已吓成了一个木偶，两耳变聋，双目全盲，几日之后方才渐渐恢复。

明军兵败萨尔浒

故事主角：努尔哈赤、杨镐

故事配角：明神宗、李永芳、杜松、马林、刘綎、李如柏等

发生时间：1618 年—1619 年

故事起因：努尔哈赤亲自领兵进攻大明，明神宗派杨镐带军征伐

故事结局：明朝大军损失过半，伤亡惨重，东北成了努尔哈赤的天下

1616 年，女真族首领努尔哈赤统一了女真各部，并在赫图阿拉称汗，国号金（史称"后金"）。大明王朝从此多了一个死敌。

1618 年，努尔哈赤宣布跟明朝结下七件冤仇，叫作"七大恨"。第一条就是明朝无故杀死了他的爷爷和父亲。为了报仇雪恨，他决定起兵征伐明朝。

努尔哈赤率领两万人马攻打抚顺。抚顺守将李永芳见后金军来势凶猛，无法抵抗，就投降了。明朝的辽东

巡抚派兵救援抚顺，也被后金军打败。

明神宗得知后，怒气大发，派兵部左侍郎杨镐带军讨伐后金。杨镐率总兵杜松、马林、刘綎（tīng）、李如柏，又通知朝鲜出兵助攻，总共11万人，浩浩荡荡杀奔后金。1619年2月，杨镐坐镇沈阳，指挥四路大军攻向赫图阿拉。

常言道：打蛇打七寸。经过合计，努尔哈赤认为，名将杜松是个身经百战的老将，如果将他的军队打败，就能够起到打一路震慑多路的作用。努尔哈赤决定集中优势兵力，先拿杜松率领的西路军开刀。

杜松从抚顺出发时，天正下着大雪。杜松立功心切，不管气候恶劣，冒雪行军。他先攻占了萨尔浒（今辽宁抚顺）山口；接着，把一半兵力留在萨尔浒扎营，自己带了另一支精兵攻打后金的吉林崖。努尔哈赤一面发兵增援吉林崖，一面亲率旗兵直扑驻萨尔浒的明军西路主力。两军展开激战，杀得天昏地暗。经过激战，明西路军大败，死伤过万。与此同时，杜松的军队也在吉林崖遭到后金军重创，杜松战死，明西路军全军覆没。

马林率北路军进至尚间崖时，得知杜松覆灭，不敢前进，就地防御。结果，北路军很快遭到后金军的前后夹击，马林大败。坐镇沈阳的杨镐接到两路人马被灭的消息，惊出一身冷汗，连忙传令另外两路明军立刻撤回。

南路军总指挥李如柏本来就是个胆小之人，他一接到杨镐的命令便迅速撤退。

剩下的是东路军刘綎。杨镐发出停止进军命令的时

候，东路军因迷路没能如期到达目的地，而又不知明北、西二路军已被歼，仍向北开进，很快进入了后金军的包围圈。后金军四面夹击，明军阵势大乱。刘綖虽然英勇，但毕竟寡不敌众，最终战死在乱军中。

历经五天的战斗，杨镐率领的十万明军损失过半，文武将官死了 300 多人。这就是历史上著名的"萨尔浒之战"。

醒木一响，评书开场！

品茶听书，为你讲述有滋有味的大明传奇；

真真假假，权且当茶余饭后的谈资……

今天，我要给大家讲的是——徐霞客探险！

徐霞客探险

明朝后期，在江阴一带有个青年，不满朝政腐败，不愿求取功名，立志游历祖国的名山大川。他就是我国历史上杰出的地理学家——徐霞客。

徐霞客从小就特别喜爱看历史、山海图经、游记、探险记等书籍。22岁那年，徐霞客背上行囊，从此开始了外出旅游的征程。

在此后的30多年里，徐霞客差不多每年都要外出旅游考察，足迹遍及全国多地。在考察中，徐霞客经历了大自然的严峻考验，受到了种种人为因素的挑战。他曾经三次遇盗，四次绝粮，几乎因此而毙命。但是，这些困难都没有让他停下脚步。

有一次，他在湖南茶陵听说当地有个麻叶洞，当地人说洞里有神龙或者精怪，没有法术的人，都不敢进洞。徐霞客不信神怪，他出高价雇当地人当向导，进洞考察。正要进洞的时候，向导问他是什么人，徐霞客说自己是个读书人。向导听后，吓得直往后退，说："我以为您是什么法师，才敢跟您一起进洞，原来你是个读书人。"

徐霞客也不勉强他，带着自己的仆人，举起火把进了山洞。村里的百姓听说有人进洞，都拥到洞口看热闹。徐霞客在洞里考察了很久，直到火把快燃尽才出来。洞口的百姓看他们安全出洞，都十分惊奇，说："我们等了这么久，以为你们被妖精吃了呢。"

徐霞客在西南漫游的时候，除随身带一个仆人外，还有一个名叫静闻的和尚同行。有一次，他们在乘船的时候遇到了强盗，行李财物被抢劫一空，静闻和尚受了伤，在半路上死去。到最后，连他随身的仆人也逃走了。

在最后一次长达五年的考察中，徐霞客染上重病，后来"二足俱废"，不能远行了。1641年，徐霞客病逝。

在长期的游历生涯中，不论旅途多么劳累、多么艰险，徐霞客都坚持把当天的经历和考察情况写在日记里。在日记里，徐霞客以清新奇丽的文字描摹大自然的瑰丽多姿。可惜的是，他生前来不及整理，日记原稿大都散失了。后来，经过后人数次整理遂才成书，这就是被誉为"古今游记之最"的《徐霞客游记》。

知识补给站

你知道明朝的"木匠皇帝"是谁吗？

明熹宗时，外有金兵侵扰，内有明末起义，正是国难当头、内忧外患的时期。明熹宗却不思忧患，而是对木匠活有着浓厚的兴趣，整天与斧子、锯子、刨子打交道，制作木器、盖小宫殿，将国家大事抛在脑后，成了名副其实的"木匠皇帝"。

"八股取士"是怎么回事？

八股取士是明朝时确立的选拔官吏的科举制度。科举考试只许在四书五经范围内命题，文体严格限于八股文。八股文是种特殊文体，由破题、承题、起讲、入题、出题、起股、中股、后股、束股和落下组成。由于文体严格限于八股文，应考者不能发挥个人见解，严重束缚了学子的思想与才华。

第**8**章

大明王朝的末路

有言在先

在大明王朝的最后几十年，山海关外，后金军虎视眈眈，挑起一波波战事；放眼国内，农民起义蜂拥而起，如涛浪般愈演愈烈；朝堂之上，奸臣当道，朝政黑暗。

反观大明王朝的皇帝们，明熹宗朱由校玩起了木匠活，对治国不感兴趣；明光宗朱常洛命运不济，当了29天皇帝就魂归西天，死得不明不白；明思宗朱由检虽有雄心，却是刚愎自用，自毁长城，最终吊死煤山。大明王朝，在农民起义的狂风暴雨中，走向了最终的灭亡。

故事万花筒

小药丸，要了皇帝命

故事主角：朱常洛

故事配角：郑贵妃、崔文升、方从哲、李可灼等

发生时间：1620 年

故事起因：朱常洛登基后不久，就一病不起，病入膏肓

故事结局：朱常洛吃了李可灼进献的红丸后，于第二天突然死去

1620 年八月初一，太子朱常洛（明光宗）如愿登上皇位。在登基大典上，朱常洛满脸喜色，足下生风，没有丝毫患病的症象。看着朱常洛成为了天子，曾经对朱常洛很不友好的郑贵妃，心里开始七上八下，**惶惶**（huáng huáng）**不安**（恐惧不安）起来。

然而朱常洛当皇帝不到 10 天，就一病不起。此时的朱常洛，出现了排泄困难，郑贵妃让崔文升以掌御药房太监的身份向皇帝进泻药。结果，朱常洛的身体彻底虚脱了，处于衰竭状态。

　　不久，朱常洛精神稍微好些，就叫来了方从哲、杨涟（lián）等十多名大臣，同时还叫来了皇长子。一看皇上的架势，大臣们感觉要托孤一般。

　　朱常洛游移的眼光，缓慢扫过了全部人员，目光最

后定格在了皇长子身上。他开口说道："朕难了，国家大事就要靠众位大臣了，你们要帮我辅佐皇长子，辅佐他成为尧舜之君。"朱常洛的眼中充满了希冀，以及对众大臣深深的信任。众人都不禁点头答应。

朱常洛突然话锋一转，问道："有鸿胪（lú）寺的官员进药，在哪里？"众人听了，不禁**面面相觑**（形容人们因惊惧或无可奈何而互相望着，都不说话），不知皇帝这话从何说起。

这时，内阁首辅方从哲站了出来，回答说："鸿胪寺丞李可灼说有仙丹，臣等不

快快拿给我。

敢轻信。"朱常洛自知病危,急命李可灼入宫献药。

李可灼奉命急忙赶来,朱常洛屏退众人,让李可灼为他诊视。经过一番诊断后,李可灼很自信地说找到了病根,并且知道治法。朱常洛听了,不禁大喜,他急不可耐地命李可灼速速进药。

到了中午,李可灼将调制好的红色药丸送到了皇帝的御榻前,大臣们也都进来了。朱常洛拿着红色药丸,犹如抓住了一棵救命稻草,迫不及待地吃了下去,先饮汤,还直喘。吃了药,立马不喘了,朱常洛高兴地对李可灼说:"忠臣,忠臣。"

到了下午,李可灼出宫找到方从哲说:"圣上怕药力不够,想再进一丸。"在旁的御医都认为不妥,然而皇上催得紧,众御医只好遵命,让朱常洛又服了一丸。

然而次日,即九月初一,却传来了坏消息。朱常洛五更时分病情突然恶化,很快与世长辞了!

消息一出,朝野哗然,人们开始质疑这个"红丸"。最终,献泻药的崔文升、献药丸的李可灼,都不可避免地被处死。但究竟谁才是真正的凶手,也成了历史之谜。

崇祯不识好人心

故事主角：袁崇焕

故事配角：崇祯皇帝、皇太极、满桂等

发生时间：1629 年—1630 年

故事起因：皇太极使用反间计陷害袁崇焕，崇祯皇帝将袁崇焕下狱

故事结局：崇祯皇帝以九大罪状，将一代名将袁崇焕处死

　　1629 年 10 月，皇太极亲率十万大军直逼北京城。火烧眉毛之际，山海关守将袁崇焕亲率九千骑兵赶赴京师救驾。由于袁崇焕治军有方，赏罚分明，士兵战斗力和士气都十分高涨。在广渠门外与清军大战一日，击退了后金军。

　　见打不过袁崇焕，后金军便退至京郊一带，肆意烧杀抢掠，企图以此激怒袁崇焕兴兵进攻，对其来个一网打尽。不料袁崇焕不上当，但朝内不少官员却急眼了。他们的田宅庄园大多在城外，后金军此举让其大受损失，

痛心疾首之余，他们也将一腔邪火转移到了袁崇焕身上。

数日之后，后金军又卷土重来，在左安门一带展开攻击。在袁崇焕的抵抗下，后金军不仅无功而返，反而被明军的火枪手夜袭得手。可谓是没捡到"芝麻"，还丢了"西瓜"。

皇太极见势不妙，便决定先将袁崇焕除掉，暗中定下了一条毒辣的"反间计"。皇太极抓来两名明朝的太监，故意让他们听到清军将领之间的谈话，说袁崇焕与满人

有密约，要协助满人攻破北京。之后，故意放走一名太监，太监自然将这些假消息带给了崇祯皇帝。

为了加强这条计策的效果，皇太极还要了一个小花招。在之前的战斗中，故意使用之前缴获的袁崇焕军队使用的箭矢作战，射伤了明军将领满桂。满桂生性憨直，根本想不到是皇太极的奸计，坚决认为是袁崇焕陷害自己，便进宫对崇祯皇帝大叫大嚷，要讨个公道。

不幸的是，崇祯皇帝生性多疑。他原本就对袁崇焕心存芥蒂，如今有大量"证据"显示袁崇焕"通敌"，他自然更是深信不疑了。

可叹袁崇焕对此一无所知，还在积极准备对后金的作战，而崇祯皇帝却早已准备动手了。1629年十二月初一，崇祯皇帝声称要商议军饷筹集之法，将袁崇焕等人召至宫中。全无防备的袁崇焕刚一进宫，便被锦衣卫拿下。崇祯皇帝严厉斥责袁崇焕，历数他种种"罪恶"，并将他投入大牢。

1630年，中秋节刚过，崇祯皇帝就宣布了袁崇焕的九大罪状，袁崇焕被凌迟处死，时年46岁。

可怜一代名将，倾尽毕生心血与精力来保卫国家，最后却含冤惨死。

无业草根闯京城

故事主角：李自成

故事配角：高迎祥、崇祯皇帝、杨嗣昌、王承恩等

发生时间：1644 年

故事起因：李自成带领大顺军进攻北京城，明军或投降，或溃败

故事结局：明朝崇祯皇帝走投无路，只好在煤山自缢，明朝灭亡

李自成出生于陕西一个农民家庭，是地地道道的草根阶层。李自成从小就喜好枪马棍棒，练得一身好武艺。

有一年冬天，明朝从甘肃调了一支军队开赴京师。这支军队走到金县（今甘肃榆中）时，兵士们由于领不到军饷（xiǎng），闹到了县衙门。带兵的将官出来打压，有个超级胆大的兵士，竟然带头把将官和县官给杀了。这个捅娄子的兵士就是李自成。

一看闯了大祸，李自成带着兵士投奔了山西高迎祥的起义队伍。高迎祥见李自成带兵来投奔，十分高兴，

立刻叫他担任一个队伍的将官，大家把他叫作"闯将"。

李自成所率军队纪律严明、作战勇敢，对百姓秋毫不犯，很快发展成为起义军中力量最强大的。

1633 年底，高迎祥、李自成等率起义军突破黄河天险，杀入明朝的心脏地带——河南，并很快向安徽挺进。起义军攻下明皇室凤阳老巢，焚毁皇陵宫殿。崇祯皇帝闻知祖陵被毁，差点没昏过去，命兵部尚书杨嗣（sì）昌全力剿杀。

后来，起义军在向西安的进攻中，高迎祥带兵中了埋伏，被捕牺牲。将士们失去了主帅，就拥戴李自成做了闯王，闯王的名声也由此越来越大。

1644 年正月，李自成攻占西安，建立大顺政权。看眼前形势一片大好，李自成亲率起义军渡过黄河，兵分两路进攻北京。两路大军势如破竹，到了这一年三月，就在北京城下会师了，并很快攻破外城。

大顺军攻破内城。穷途末路之际，崇祯皇帝没有选择投降，而是与太监王承恩，于煤山（今北京景山）寿皇亭树下自缢。统治中国 277 年的明王朝，就此灭亡。

为红颜，吴三桂反水

故事主角：吴三桂

故事配角：李自成、刘宗敏、李过、多尔衮等

发生时间：1643 年—1645 年

故事起因：吴三桂得知父亲和陈圆圆被抓，誓与大顺军死磕到底

故事结局：在多尔衮和吴三桂军队的夹击下，大顺军被打垮

1643 年 3 月，大顺军攻入北京城后，把皇宫国库掀了个底朝天，也没获得太多钱财。李自成便决定向那些权贵、官僚"开刀"，派刘宗敏和李过勒令这些大佬们交出钱财，充当大顺军的军饷。有个叫吴襄的大官僚，也被抄了家产。有人告诉李自成说，吴襄的儿子吴三桂是条"大鱼"，他不仅是明朝的山海关总兵，手下还有几十万大军，招降吴三桂，是个上上策。

不久，吴三桂收到父亲吴襄的劝降信，他本想投靠，但又心里没底，便打算先到北京探探风。半路上，他遇

到从北京逃出来的人，找来一问，竟说他父亲被抓，家产被抄，就连最宠爱的小妾陈圆圆也被大顺军抓走了。一听这话，吴三桂怒发冲冠，勃然大怒，便率兵返回山海关，发誓与大顺军誓不两立。吴三桂势单力孤，便想与关外的清兵联手。就这样，多尔衮（gǔn）带领清兵，不费一兵一卒就进入了山海关。

吴三桂翻脸后，心高气傲的大顺军很快开到山海关，李自成骑着马指挥作战。吴三桂带兵一出城，就被大顺军的左右两翼合围包抄。明兵东窜西突，无法冲出重围；大顺军个个奋勇，喊杀声震天动地。貌似开局一片大好，殊不知这是请君入瓮。

这时候，多尔衮看准时机，命令埋伏的几万清兵一起杀出，向大顺军发动突然袭击。大顺军没有防备，也弄不清哪儿来的敌人，顿时乱了套。多尔衮和吴三桂的队伍里外夹击，大顺军被彻底打垮。

李自成的大顺军退到北京时，兵力已经被大大削弱。第二天一早，李自成就率领大顺军匆匆离开北京，向西安撤退。

1644 年 10 月，多尔衮把顺治帝从沈阳接到北京，北京成为了清朝国都。从那时起，清王朝开始统治中国。

　　第二年，清军兵分两路攻打西安。李自成被迫放弃西安，向襄阳转移。几个月后，大顺军在湖北通山县遭到地主武装袭击，李自成战败被杀。

醒木一响，评书开场！
品茶听书，为你讲述有滋有味的大明传奇；
真真假假，权且当茶余饭后的谈资……
今天，我要给大家讲的是——宋应星寻书！

宋应星寻书

宋应星是我国明代著名的科学家，他从小就酷爱科学，喜欢阅读科技方面的书籍。他听说《梦溪笔谈》是一部科学经典著作，就一直想找来读读。

一天，他听说镇上的书肆（sì）有新书售卖，就飞快地赶了过去。可是等他到那里一看，书肆里摆放的全是四书五经、程朱理学之类的书，怎么也找不到《梦溪笔谈》。宋应星很失落，只好空手而回。

宋应星没精打采地走在路上，走着走着觉得饿了，见路边有人卖烧饼，就走过去买烧饼吃。突然，他发现卖烧饼的老伯包裹烧饼的废纸上，有"梦溪笔谈"的字样。他立即向老伯打听："您这儿还有这样的废纸吗？"老伯说："家里好像还有一些吧。"宋应星在老伯的家中，找到了梦寐以求的《梦溪笔谈》。

宋应星接过书一看，只剩下了一半。他赶紧问老伯另外半本的下落。老伯说他是在南村纸浆店拾得的。

宋应星听后，跑到了南村纸浆店。他掏出身上所有的钱请店老板帮忙，求店老板帮他找另一半的《梦溪笔谈》。店老板说："孩子，你不用给我这么多钱，我们这里的废纸加起来，也卖不了这么多钱的！"宋应星说：

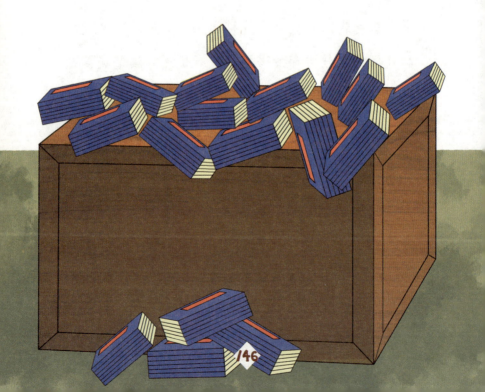

"值得，您就是要我再给这么多，也是值得的。"

老板收下了钱，就同工匠们一起寻找，不一会儿，那半本《梦溪笔谈》就被找到了。宋应星拿着书，如获至宝，高兴地朝家里走去。

正是对科学的极度痴迷和钻研，宋应星才成为了明代的著名科学家。其创作的世界上第一部关于农业和手工业生产的著作《天工开物》，被誉为"中国17世纪的工艺百科全书"。

147

知识补给站

闯王李自成究竟是怎么死的?

对于李自成的死,尽管很多正史记载他遇难湖北通山县,但一直以来存在很大争议。关于其死亡的说法很多,综合起来主要有这两种:一是永昌二年(1645年),在湖北通山九宫山被地主武装杀害;二是他假死,出家当了和尚,从此隐姓埋名,卒于康熙十四年(1675年)。

崇祯皇帝是一个怎样的人?

崇祯皇帝是一个勤政的皇帝,他即位之后杀魏忠贤,罢黜阉党,励精图治,极想有为。这是他的优点所在。但他却无治国之谋,刚愎自用,加上他严苛、猜忌、多疑,对大臣动辄怒斥、问罪,轻易更换将相,这也在一定程度上加速了明王朝的覆亡。

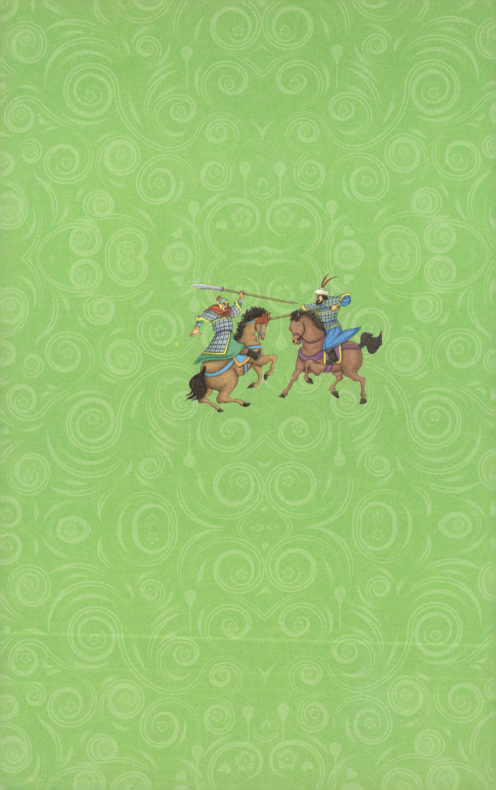